Josep María Jordán Ganduf

Amar Europa

Prólogo de Francisco Pérez

Primera edición: noviembre 2024

Compaginación y diseño:
Alberto Haller

THEMA: J
ISBN: 978-84-128892-7-7
Depósito legal: V-3883-2024

Impreso en España

www.barlinlibros.org

ÍNDICE

En memoria de
Pilar Tambonero Sanjuán

PRÓLOGO

por Francisco Pérez

Europa es para la generación de los españoles nacidos a mitad del siglo XX, a la que Josep Mª Jordán y yo pertenecemos, la gran referencia de progreso individual y colectiva. Desde que empezamos a elaborar en nuestra juventud una visión de la sociedad y del mundo, el futuro imaginado hacia el que avanzar era lograr que España -y nosotros en ella- se pareciera a los países incorporados al proyecto de integración europea iniciado en 1956 para superar los desastres del pasado. Estar en esa Europa era también la vía para superar los nuestros, más presentes que en otros lugares en los años finales de la dictadura franquista. Este libro de Pepe Jordán es reflejo de esa percepción y de su necesidad de exponer las razones por las qué merece la pena amar a Europa. También nace de su preocupación por que los jóvenes actuales tomen el relevo de la construcción europea, asumiendo los desafíos que esta supone, pero también los valores que propone.

El significado y el alcance de la Unión Europea como empresa colectiva para las generaciones nacidas en el siglo XXI no pueden ser los mismos que para las generaciones precedentes. Sin embargo, este ensayo quiere trasladarles que el proyecto sigue mereciendo la pena en este periodo preñado de incertidumbres, en el que se ha hecho presente lo que Stiglitz llamó el *malestar de la globalización* y la guerra vuelve a hacerse presente en el territorio europeo. De las nuevas generaciones dependerá la continuidad, o no, de lo que para nosotros ha sido una estrategia de desarrollo que ha permitido a varios cientos de millones de personas alcanzar resultados muy positivos en materia de paz, libertad, seguridad y bienestar que merece la pena prolongar.

Transmitir la experiencia y el proyecto

No es infrecuente que, al llegar a cierta edad, aparezca en las personas el deseo de compartir con los que vienen detrás sus reflexiones sobre el sentido de lo hecho y el valor de las contribuciones de su generación. Con los años percibimos que la experiencia aporta conocimientos que no es fácil compartir, en particular en lo que se refiere al esfuerzo que fue necesario para alcanzar lo conseguido. Es difícil apreciarlo para quienes han encontrado ciertas cosas hechas, y también es difícil percibir la necesidad de esforzarse para conservar las metas alcanzadas. La advertencia implícita en esta obra de Josep Mº Jordán es que cuando no se pone en valor lo conseguido es más probable que el avance se detenga y que, incluso, se retroceda.

El atractivo de la Europa actual se enfrenta a esos riesgos por varias razones. La primera, que su desarrollo como proyecto compartido por los pueblos y Estados que la componen es un proceso muy complejo cuyos avances no siempre son fáciles de percibir. La segunda razón es que en las últimas décadas el mundo ha cambiado mucho y de manera acelerada -en algunos aspectos para bien, pero en otros no- y esas transformaciones plantean nuevas preguntas que el proyecto europeo ha de afrontar para poder ser parte de las soluciones. Sin embargo, a Europa le está costando encontrar su lugar en el nuevo escenario y la sucesión de crisis de diverso tipo que se van acumulando en las últimas décadas están desembocando en unos resultados más pobres que antaño en variables básicas para evaluar el bienestar, como la renta por habitante y el empleo. La mejora de ambos indicadores renquea desde hace tiempo, sobre todo para una parte significativa de los ciudadanos, en particular para distintos grupos de los más jóvenes, generando desconfianza en las promesas de progreso para todos y desafección al proyecto.

Sin embargo, es cierto que los logros de la UE desde que comenzó su construcción son impresionantes, sobre todo si se comparan con los desastres de periodos anteriores. Y para España la vinculación a la estrategia de desarrollo europea ha sido también una apuesta llena de oportunidades, no solo en lo económico sino también en lo político, lo social y lo individual. La incorporación se hizo con retraso -lastrada por la imposibilidad de entrar hasta los años ochenta en un club que exigía contar con instituciones democráticas- pero superar esas condiciones fue precisamente uno de los motores de la Transición. Una vez logrado el ingreso, España ha cogido las sucesivas olas de los últimos cuarenta años cabalgando sobre una tabla europea -no sin sobresaltos-, y afrontando como miembro de pleno derecho de la UE los enormes desafíos de finales del siglo XX y de este tormentoso siglo XXI.

Una de las virtudes del texto de Josep Mª es ayudar al lector a descubrir la ambición de las metas de los fundadores de la Comunidad Europea, y la complejidad de los problemas que han tenido y tienen que afrontar los europeos para superar obstáculos sobrevenidos. Pero la opinión del autor -que comparto- es que, desde una perspectiva histórica atenta al desarrollo humano, el balance es muy positivo. Por eso su propósito es que, a partir del reconocimiento de las fortalezas y debilidades de lo conseguido, las generaciones actuales entiendan que vale la pena *seguir luchando juntos por alcanzar metas de paz, estabilidad y progreso en favor tanto del continente europeo como del conjunto de la humanidad.* Probablemente, una dificultad para conseguirlo se encuentra en que la pérdida de ritmo del progreso económico debilita uno de los pilares de la legitimación por resultados de la UE en la actualidad.

Vivencias personales y trayectoria colectiva

Josep Mª Jordán desarrolla su relato hilvanando sus vivencias y recuerdos personales con las vicisitudes de lo que describe como *ese bello proyecto comunitario que resulta a la vez tan complicado como esperanzador.* La mezcla de esos planos no solo es un rasgo singular del texto sino una de las claves para fundamentar la tesis optimista de la obra, pues se apoya en su propia experiencia de las oportunidades que ha supuesto Europa para muchos de nosotros. Sin duda han sido enormes y, por consiguiente, algunos nos sentimos obligados a dejar constancia de ello y, al transmitirlo, apostar por su prolongación en el tiempo.

Quedo una mañana de junio de 2024 con Pepe en La Nau, ahora tranquilo centro cultural de la Universitat de València, para conversar un rato. En nuestra memoria es un lugar más ruidoso que ahora, lleno de recuerdos y vivencias compartidas, en el que estudiamos juntos los últimos tres cursos de nuestra licenciatura en Economía entre 1970 y 1973. En esos años intensos, nosotros oteábamos el futuro en un entorno universitario lleno de estímulos y señales de cambio, mientras España se enfrentaba a la primera crisis del petróleo con las rígidas estructuras de una dictadura que agonizaba.

Ya entonces Europa comenzó a ser para muchos jóvenes, en particular para los universitarios, la referencia de otra forma distinta de vivir y de gobernar, basada en el respeto a la libertad individual, el reconocimiento del derecho a participar democráticamente en las decisiones colectivas y la importancia de lograr una gestión de los recursos eficiente y también solidaria. De estas metas hablábamos mucho en las aulas y en el claustro de La Nau y hemos seguido haciéndolo de vez en cuando a lo largo de medio siglo, dedicados fundamentalmente a la docencia y la investigación, pero sin renunciar a incursiones puntuales en otros ámbitos de la vida ciudadana, social y política. Ahora que la edad nos invita a echar la vista atrás, impresiona la dimensión de los cambios acumulados. Pero también la riqueza de las oportunidades disfrutadas, tanto por nuestro común denominador profesional como por haber formado parte de un país que ha multiplicado su renta por habitante desde entonces y mejorado de manera sustancial las condiciones de vida de sus habitantes y sus servicios públicos.

Hablamos de estas cosas en ese encuentro de La Nau y descubrimos, como en otras ocasiones, que compartimos muchas opiniones, probablemente porque tenemos perspectivas y experiencias similares. Mis conversaciones con Pepe no son muy frecuentes, pero siempre me gusta reencontrarme con su inteligencia, buen criterio y discreción. Descubrí esas cualidades cuando éramos estudiantes y cada vez que charlamos confirmo que ahí siguen, como rasgos de su personalidad. Con el paso de los años, esa valiosa combinación de dones y la pasión por su trabajo se han convertido en la base de la sabiduría que destila el profesor Jordán en sus escritos y al conversar. En ambos casos se percibe una inclinación a volver sobre sus pasos, contemplar el camino recorrido y preguntarse sobre el sentido de los muchos proyectos en los que ha participado. Su sencillez le inclina a dudar sobre si las opciones elegidas han sido las correctas y el esfuerzo ha merecido la pena.

Acaba de hacer un ejercicio de esa naturaleza sobre uno de los ejes de su trayectoria personal y su especialización profesional: la apuesta por la vía europea al desarrollo y la construcción de una Unión Europea abierta al mundo, y en especial al Mediterráneo. Me propone que lea el resultado de sus reflexiones y, si me apetece, escriba lo que me sugiera su lectura. Lo leo de un tirón a principios de agosto, disfrutando el buen estilo del texto, la precisa documentación de los temas tratados, el recurso a un cinematográfico *flashback* -que nos lleva una y otra vez del presente al pasado- y la combinación de planos generales -del devenir europeo, especialmente en los asuntos económicos- con planos medios y cortos -los personales-. Me dejo llevar por el relato, agradeciendo la invitación de Pepe, tanto por la pertinencia de los aspectos económicos e institucionales seleccionados como por el caudal de información que ofrece sobre la multiplicidad de iniciativas en las que el profesor Jordán ha participado y que, en sus detalles, desconocía. Disfruto con la revisión de tantos acontecimientos que yo fui viviendo como los demás europeos. Y con la descripción de sus itinerarios por Europa recuerdo los míos y descubro nuestras similitudes y diferencias.

Su privilegiada memoria va recordando al lector lo que Europa fue significando para los jóvenes de nuestra generación: apertura, progreso, libertad, democracia. Lo descubrimos en viajes, lecturas, amistades y, en nuestro caso, en las relaciones académicas. El profesor Jordán va dejando constancia de la amplitud de su trabajo como analista del proceso de construcción europea, desde la perspectiva casi siempre de sus implicaciones para España. Cuando habla de Europa sabe de lo que habla, es un especialista, y el repaso refleja la densa red de relaciones tejida durante décadas con centros de investigación y colegas españoles y europeos, para el desarrollo de sus proyectos de investigación y publicaciones.

Los frecuentes giros narrativos otorgan agilidad al relato y no impiden percibir que en el largo periodo de tiempo recorrido los cambios acumulados son enormes. Han sido cruciales para disfrutar la más prolongada etapa de paz experimentada por España y por los territorios de una cada vez más amplia Unión Europea. Como pilares de estos logros aparecen un crecimiento tendencialmente sostenido, que genera empleo y oportunidades personales, y un estado de bienestar amplio, clave para evitar la exclusión social y para asimilar las múltiples transformaciones y *shocks* que se suceden en el mundo actual.

La UE desde fuera y desde dentro

En España, la referencia para el despliegue de ese patrón de desarrollo es, sin duda, Europa. Primero, durante el tardofranquismo y la transición política a la democracia, nuestra aspiración fue ser admitidos en la entonces Comunidad Económica Europea. Logrado ese hito en 1986, la Unión Europea pasa a ser nuestra casa común y el desarrollo de un proyecto europeo cada vez más ambicioso la vía por la que buscamos nuestra posición en el mundo. El *dietario de vivencias europeas* de Josep Mª Jordán relata cómo ha ido evolucionando ese proceso.

El primer capítulo presenta cómo el autor descubre Europa en su juventud y redescubre su significado tras la incorporación de España en 1986. El periodo que va desde mediados de los años sesenta, su adolescencia, hasta la caída del telón de acero en 1990, completa un cuarto de siglo en el que Jordán se encuentra con Europa y con el Mediterráneo a través de viajes y lecturas. En paralelo, va descubriendo que, pese a las sucesivas dificultades, es posible ir avanzando en el desarrollo de una Europa integradora, concebida como un espacio de convivencia entre diferentes. Ese proyecto no está reñido con el progreso, sino que lo hace posible a través de diferentes consensos.

Esa es la experiencia que emerge de las vivencias de las décadas de los setenta y los ochenta: no son años fáciles, ni en España ni en el conjunto del continente, pues se padecen severas crisis económicas y políticas y fuertes tensiones internacionales. Pero la superación del intento de golpe de Estado, de la larga crisis económica de los setenta, la entrada de España en la UE y la caída del muro de Berlín, son hitos que justifican que el balance final del periodo 1965-1990 fuera de grandes esperanzas.

El segundo capítulo cubre la última década del siglo XX y destaca tanto significativos avances de la construcción europea -el mercado único, el euro- como la importancia para los españoles -y en especial para los españoles europeístas- de sentirse participes en el proyecto desde dentro. Para las generaciones que contamos con experiencias vitales significativas previas a la adhesión, ser ciudadanos europeos de pleno derecho tiene un enorme significado y representa un cambio sustancial. La percepción de que España había pasado de ser observadora externa de los avances de la integración a estar en el pelotón de cabeza de los impulsores de la misma fue, en efecto, una gran satisfacción.

El profesor Jordán transmite una importante dimensión personal de estas vivencias: su madurez profesional se asocia, precisamente, a su especialización en la economía de la Unión Europea. Esa especialización avanza a través de dos vías ya exploradas: la lectura y el estudio, y los viajes. Mediante ambas alcanza la madurez profesional en estos años, en los que despliega una intensa actividad docente e investigadora, apoyada en proyectos internacionales y nacionales que requieren contactos, encuentros, publicaciones y presencia pública en foros profesionales, pero también ciudadanos. Y presenta dos rasgos distintivos que merece la pena subrayar: el primero, que es un economista siempre atento a la dimensión social de los problemas, y al desarrollo del modelo social europeo; el segundo, que lo que sucede fuera también importa, en especial si se trata de espacios fronterizos con la UE y con España, como la ribera sur del Mediterráneo.

Europa y más allá: tiempos difíciles

El tercer capítulo se centra en un periodo más corto (entre 2000 y 2006) y, por otra parte, amplia el foco para prestar más atención a las relaciones entre la construcción europea y los cambios que, coincidiendo con el cambio de siglo, se están produciendo en un mundo cada vez más globalizado. Recuerdo, entre los mensajes impactantes recibidos de los mejores profesores que tuvimos los estudiantes de la promoción de la que Pepe y yo formamos parte -coincido en los que destaca en el texto-, uno de Marshall McLuhan que ya hablaba a finales de los años sesenta de que la población del planeta formaba cada vez más una sola comunidad, una misma *aldea global*. Nuestra percepción de esa realidad se ha acentuado mucho desde entonces, porque la tecnología, la eliminación de barreras y la intensificación de las interdependencias han ido avanzando. Pero también porque las crisis han hecho sentir sus réplicas en lugares distantes de donde se originaron, y así ha sucedido con más frecuencia en las primeras décadas del siglo XXI.

Algunas perturbaciones -como los ataques a las Torres Gemelas (2001), la guerra de Irak (2003), los atentados de Atocha (2004), o el rechazo al proyecto de Constitución Europea (2005)- oscurecieron el panorama mundial y europeo a pesar de ser años de fuerte crecimiento. Son referencias que ponen de manifiesto que la realización de un proyecto de desarrollo social y económico e integración internacional pacífico no es nada fácil. La emergencia del malestar de la globalización ha tenido desde entonces numerosas manifestaciones, algunas violentas, y generado sacudidas en la vida social, política y económica a escala europea y mundial, y también en España.

El reflejo de estas experiencias en el relato de Jordán se produce en la ampliación de los horizontes de sus viajes -más frecuentes al norte de África y a América- y también de las temáticas consideradas. Y también en el reconocimiento de que la construcción europea no siempre muestra capacidad de asimilar el nuevo escenario global. Por un lado, algunos retos para la UE pasan a ser los de su ampliación hacia el Este y el establecimiento de un marco de relaciones con los países del resto del mundo. Por otro, cuando el ciclo económico expansivo se agota y, a partir de 2007, nos enfrentamos a una crisis financiera y económica de enormes dimensiones y larga duración en buena parte de la UE, las respuestas comunitarias resultan insuficientes e inadecuadas, a la vista de los resultados.

El cuarto capítulo destaca en su título – *Amar una Europa difícil-* que entre 2007 y 2012 el mantenimiento de la fe en el proyecto europeo fue un desafío reservado a los creyentes en él, porque los resultados no se veían como en otras etapas. Fueron los años en los que, tras celebrarse el cincuentenario del Tratado de Roma (1957), nos adentramos en una larga recesión con elevadas cifras de paro, se plantearon dudas sobre la resistencia de la moneda única y se vivieron importantes asimetrías en la situación de los países del norte y el sur. Todo ello puso en riesgo la supervivencia del euro y la confianza en la UE. De su capacidad de respuesta conjunta, eficaz y solidaria a los problemas iba a depender que lo avanzado a lo largo de medio siglo en paz y prosperidad tuviera continuidad. En este nuevo escenario han ido creciendo los jóvenes del siglo XXI.

De este periodo cabe recordar tanto el discutible acierto de la respuesta dada a la crisis -con propuestas basadas en gran medida en la austeridad financiera para corregir los desequilibrios acumulados, que provocaron una dolorosa y lenta recuperación-, como la importancia de la voluntad política para superar los problemas cuando el análisis de la realidad ofrece diagnósticos pesimistas. Esa voluntad política emergió en el fondo de la Gran Recesión, apoyándose a lo largo de la legislatura europea iniciada en 2009 en una coalición entre populares y socialistas como soportes fundamentales de la Comisión. Recuerdo a Gramsci para subrayar que en esta encrucijada europea el *pesimismo de la inteligencia* perdió la batalla frente al *optimismo de la voluntad* y los años oscuros dieron paso a una etapa más prometedora. Para conseguirlo fue necesario que muchos votantes y líderes siguieran apostando por una ciudadanía respetuosa con una visión plural de las identidades y combativa con el euroescepticismo y el ultranacionalismo. Gracias al mantenimiento de la capacidad de cooperar de los partidos europeístas se frenó la fragmentación y volvió a avanzar la integración, algo que lamentablemente no sucedió a escala nacional en un país como España, que salió de la Gran Recesión con un parlamento gravemente tensionado y escasísima capacidad de acuerdo para afrontar los problemas.

Resiliencia europea, mirando al futuro

El quinto capítulo recorre el periodo 2013-2019 y constata la notable resiliencia europea durante unos años en los que recupera el crecimiento tras la Gran Recesión. También subraya el impulso reformador para abordar las grandes preguntas planteadas en un escenario que cuando se empezaba a hablar de globalización estaban solo apuntadas y ahora son grandes desafíos. El primero de ellos es cómo piensa responder la UE a su pérdida de posiciones en la nueva competencia internacional, y en particular cómo propone proteger a los grupos sociales más amenazados por el avance de nuevos competidores. El segundo, cómo afronta el gran y multiforme desafío de la digitalización, con tantas implicaciones productivas, para la vida cotidiana y para la ciudadanía. El tercero, el papel de Europa en las respuestas al cambio climático. El cuarto, su posición en el nuevo escenario geoestratégico multipolar.

La UE no se mueve por lo general con rapidez, pero poco a poco ha ido forjando sus respuestas a estos retos y las ha diferenciado de las de otros actores globales. Desde la perspectiva española, no se deben minusvalorar en absoluto. De las iniciativas europeas han venido los mayores impulsos para un país atrapado en la última década en el laberinto de una lucha sin cuartel por el poder y el aplazamiento continuado de reformas que son imprescindibles para gestionar los nuevos escenarios, pero no se ponen en marcha porque requieren consensos.

Pero los avances de esos años van acompañados de otros acontecimientos que cuestionan el progreso del patrón de integración internacional europeísta. Por una parte, dando un paso más en la dirección ya iniciada en 2008 en Georgia, en 2014 Rusia se anexiona Crimea y sigue girando desde la cooperación a la confrontación con Occidente. Por otra, el referéndum de 2016 sobre el Brexit condujo al Reino Unido fuera de la UE en 2020. Además, cobran fuerza y visibilidad planteamientos iliberales o abiertamente no democráticos. Y aunque la coalición de entre populares, socialistas y liberales sobrevive en las sucesivas elecciones -incluidas las de 2024-

la fuerza de los nacionalismos avanza y lleva programas distintos de los europeístas a los gobiernos de un número significativo de países de la Unión.

Estas luces y sombras inclinan a Jordán a llamar la atención de nuevo sobre la importancia de fortalecer una ciudadanía europea como base de una democracia sólida: informada, capaz de saber a dónde va, preocupada por el bien común y comprometida con los distintos ámbitos de la sociedad donde vive, del local al global pasando por el nacional y el europeo. Predicar estos mensajes pasa a ser en estos años una actividad más intensa de Pepe que, jubilado en la Universitat, sigue leyendo y escribiendo sin pausa, es algo menos viajero de grandes distancias, pero está más presente si cabe en el tejido asociativo e institucional cercano.

En esa etapa en la que los resultados económicos se resienten, Jordán percibe que el dialogo interdisciplinar con filósofos, teólogos, sociólogos o politólogos tiene más que aportar a la tarea de incorporar a personas de diferentes formaciones y perfiles al proyecto europeo. Y también a la orientación de las reformas necesarias para paliar las deficiencias del sistema de integración política y económica como instrumento para solucionar carencias que han quedado al descubierto. Recogiendo una propuesta de Innerarity, defiende una concepción inclusiva de la democracia atenta a que nadie quede atrás, y la necesidad de *politizar de verdad Europa,* entendiéndola como un espacio de libertad, solidaridad y protagonismo de los ciudadanos.

Buscar esa Europa abierta y solidaria es el título del sexto y último capítulo del volumen que cubre los años más recientes, de 2020 a 2024. Están lo bastante próximos como para que apenas sea necesario recordar que también ha sido un periodo convulso: pandemia, guerras en Europa y en Oriente próximo, flujos intensos de migrantes en las fronteras de la UE. Y, asociándose a algunos de estos *shocks*, episodios de recesión intensos y brotes inflacionistas. Sin embargo, al enfrentarse a estos nuevos y graves problemas la Unión ha demostrado estar más a la altura de los desafíos, tanto por la potencia de sus respuestas como por la orientación de las mismas, desplegando redes de seguridad relevantes para los países miembros y coordinando sus políticas. Probablemente, una excepción en este sentido es la insuficiente respuesta a las sucesivas crisis migratorias del Mediterráneo que reflejan los límites del *mix* europeísta de crecimiento y solidaridad.

El recorrido del profesor Jordán concluye con la reafirmación de su pasión por el proyecto europeo y su mensaje a los jóvenes de que merece la pena que se sientan herederos del modelo de ciudadanía. Algunas de las experiencias trágicas que también sus generaciones están contemplando, en Ucrania, en Gaza o en el Mediterráneo, deberían hacerles percibir los riesgos con los que convivimos, remover sus conciencias y hacerles apostar por *hacer realidad una utopía posible: la de una Unión Europa construida sobre la base de unos valores compartidos para lograr una convivencia democrática, pacífica y creativa en favor de un mundo mejor.* Para dar a conocer y recordar las razones y experiencias que avalan esa apuesta ha escrito Josep Mª Jordán este hermoso testimonio -gracias Pepe!-, y merece la pena leer este libro.

Francisco Pérez es profesor emérito
de la Universidad de València y
director de investigación del IVIE.

INTRODUCCIÓN

¿Se puede amar Europa? ¿Cómo? Tal vez ello suceda mientras se piensa y analiza Europa, como proyecto y como realidad. Cercano a cumplir los 75 años, miras atrás y sientes que una de las grandes pasiones de tu vida ha sido la integración europea. Es algo que no has experimentado simplemente como estudioso o enseñante. Ha habido algo más: amor, pasión ciudadana. Ahora el Centro de Documentación de la Fundación General de la Universidad de Valencia te ha dado la oportunidad de escribir sobre dicha experiencia y la has querido aprovechar. De ahí esta especie de dietario que trata de captar una Europa en perspectiva, con tus vivencias y recuerdos personales hilvanados en torno a la historia de ese bello proyecto comunitario que resulta a la vez tan complicado como esperanzador. Sí, crees que se puede amar Europa: la idea de una Europa, compleja y difícil, unida en la diversidad; el sentido último y la razón de ser de ese proyecto integrador que constituye la Unión Europea; la tarea de articular una Europa amplia y abierta, solidaria en la construcción de un mundo mejor. Lanzas este texto al aire, como si fuera un mensaje en una botella, esperando que alguien lo pueda encontrar. Y deseas que quien lo haga disfrute con su lectura, transmitiéndole por ello tu simpatía y sincera gratitud.

I

DESCUBRIR Y REDESCUBRIR EUROPA

DIÁLOGO CON GARTON ASH

(3 de diciembre de 2023)

Comienzas la lectura del libro de Timothy Garton Ash *Europa. Una historia personal* y de pronto sientes un renovado interés por volver a reflexionar sobre el proyecto de la Unión Europea. Piensas que tu generación vivió unas circunstancias históricas que la llevaron a valorar enormemente dicho proyecto. No es ese el caso, en cambio, de las generaciones actuales que han vivido otras realidades alejadas de aquellas circunstancias (dando por sentada la democracia o una Europa libre). ¿Cómo participar a las mismas la trascendencia de tal iniciativa para seguir luchando juntos por alcanzar unas metas de paz, estabilidad y progreso en favor tanto del continente europeo como del conjunto de la humanidad?

De algún modo, el historiador, politólogo y periodista británico Timothy Garton Ash, profesor de Oxford, pretende avivar en las nuevas generaciones de europeos el "motor del recuerdo" que vivimos nosotros (sus padres y sus abuelos). Y también tú desearías convencer a los jóvenes de que el proyecto de integración europea fue concebido con un sentido y una razón de ser que van más allá del ámbito económico.

Su punto de partida se sitúa en los años posteriores a la II Guerra Mundial y su verdadero móvil fue crear un espacio de paz, democracia y bienestar para evitar de manera permanente los horrores vividos en el pasado. Su objeto era (y sigue siendo) garantizar la estabilidad y la prosperidad del conjunto de Europa. La integración económica tenía así un carácter instrumental para realizar una Europa de las personas, una

Europa de la ciudadanía. Sostienes que, aunque haya habido errores y deficiencias en el camino recorrido hasta el presente, dicho proyecto tenía un enorme sentido entonces como lo sigue teniendo hoy.

ANHELO EUROPEISTA

(4 de diciembre de 2023)

Avanzas muy despacio en las primeras páginas del libro *Europa. Una historia personal,* de Timothy Garton Ash, y te parece que dice cosas impresionantes, verdades como puños: "Los seres humanos nunca han conseguido construir el cielo en la tierra. En cambio, una y otra vez han construido el infierno en la tierra". Los europeos lo hicieron en su propio continente durante la primera mitad del siglo XX, de ahí que el punto de partida de este libro sea rememorar lo que fue aquel infierno y darnos a entender así mejor lo que Europa trató de hacer después, desde 1945. Es imposible no acordarte aquí de otro gran libro, *El mundo de ayer. Memorias de un europeo,* del escritor austriaco Stefan Zweig. Un libro que te impactó tanto cuando lo leíste hace muchos años y que recientemente has vuelto a comentar en tus *Pulsiones del destino.* Son dos libros en cierta forma complementarios, pues el punto de llegada de Zweig es precisamente el punto partida de Garton Ash, y ambos se ven abrigados sin duda por un gran anhelo europeísta y humanista.

Es el mismo anhelo del que tú participas, sosteniendo que el móvil originario de proyecto europeo sigue vigente en la actualidad. No está tan lejos el dramático conflicto vivido en suelo europeo con la guerra de los Balcanes (que aconteció tras la desintegración de la antigua Yugoslavia en los años noventa), y en estos momentos aparece en primer plano la terrible guerra causada por la invasión rusa de Ucrania (que tanto daño está provocando en dicho país y en el conjunto de Europa). Pero hay además una razón adicional que dota hoy de pleno sentido al proyecto europeo: la necesidad de dar una respuesta adecuada a los desafíos de la globalización. En efecto, los Estados europeos son demasiado pequeños y es solo mediante su integración como podrán influir de manera conveniente en la gestión y gobernanza de un mundo global, para poder construir un futuro mejor.

EL MOTOR DEL RECUERDO

(5 de diciembre de 2023)

Esta tarde participas en un taller de literatura que dirige tu amigo Carles Subiela en la Escuela de Adultos de Llíria. Es una sesión que ellos han querido dedicar muy amablemente a comentar tu libro *Pulsiones del destino*. No sabes cómo transcurrirá la sesión, imaginas que harán algunas preguntas sobre el libro, pero por si acaso preparas un pequeño guión al respecto. En última instancia, existe el recurso de leer algunos apartados del texto que puedan elegir los propios miembros del taller, o los que les propongas tú a ellos. Es un libro que comunica una cierta intimidad en el vivir de cada día, con pensamientos y reflexiones personales sobre los acontecimientos cotidianos. Se habla de numerosos libros que te han acompañado en ese caminar diario, y eso puede ser de particular interés en el taller. Y también hay una inquietud respecto a ciertos acontecimientos históricos, especialmente los referidos a la Unión Europea.

Ahora vuelves al libro de Timothy Garton Ash sobre Europa y te explayas en lo que él llama el "motor del recuerdo" como propulsor del proyecto de la Unión Europea. En efecto, el horror de lo vivido en las primeras décadas del siglo XX fue un factor muy importante en las decisiones que se adoptaron a partir de 1945 para tratar de construir una Europa mejor.

Por entonces el continente europeo quedó dividido en dos partes, una Oriental (dominada por la Unión Soviética) y otra Occidental (donde seis países comenzaron a promover el germen de la actual Unión Europea). Siempre te ha impactado la referencia a aquel 9 de mayo de 1950 (un mes después de nacer tú) cuando Robert Schuman (ministro francés de Asuntos Exteriores) pronunció su famoso discurso en el que propuso el arranque de la construcción europea. Por desgracia para nosotros, España y Portugal aún seguirían viviendo al margen de dicho proceso (bajo dos dictaduras) hasta mediados de los años setenta (que es cuando se produjo su transición hacia la democracia). Piensas que el "motor del recuerdo" fue muy importante para que ambos países quisieran vincularse acto seguido al proyecto de la Unión Europea y desearan potenciarlo también.

DÍA DE LA CONSTITUCIÓN

(6 de diciembre de 2023)

Hoy se celebra el día de la Constitución en España en un ambiente de polarización política que es irrespirable. El texto constitucional fue aprobado hace 45 años en un clima de consenso parlamentario que en estos momentos se echa mucho a faltar. Su elaboración no fue, por supuesto, nada fácil, pero acabó imperando la sensatez en los distintos actores políticos y sociales para lograr un pacto que, sin satisfacer por completo a todos, llevó a asentar la democracia en nuestro país. La Constitución constituye así una obra colectiva que nadie tiene el derecho de apropiarse. Un marco jurídico sujeto a los cambios que haga preciso el paso del tiempo, pero siempre mediante un diálogo y una negociación entre los representantes políticos de la ciudadanía.

La prensa del día muestra la foto histórica de quienes fueron los "padres fundadores" de la Constitución. En ella aparecen, de izquierda a derecha: Jordi Solé Tura, Miguel Roca Junyent, José Pedro Pérez Llorca, Gregorio Peces-Barba, Miguel Herrero de Miñón, Manuel Fraga y Gabriel Cisneros. Sientes una cierta nostalgia al ver aquella fotografía y recordar las primeras elecciones democráticas, tras la dictadura, celebradas el 15 de junio de 1977, tras las cuales se inició el proceso constituyente en España. Entonces vuelves a la lectura del libro de Timothy Garton Ash sobre Europa y te detienes en las páginas que revisan la situación del continente en la década de los años setenta. En dicha década tres países del sur de Europa llevaron a cabo su proceso de transición de la dictadura a la democracia: Grecia, Portugal y España. Y en los tres ese proceso de cambio político estuvo vinculado de forma indisociable a su aspiración a formar parte del proyecto de la Unión Europea. Como dice Garton Ash: "para los europeos del sur, la lucha por la democracia y por Europa eran la misma lucha. Formar parte de Europa consolidaría la transición a la democracia. Europa significaba libertad".

SISTEMA DE COOPERACIÓN

(7 de diciembre de 2023)

Esta mañana has leído en el diario *El País* un artículo de Adela Cortina ("¿Mayoría progresista?") que te ha hecho pensar muy seriamente sobre cómo abordar el clima de polarización política que empapa actualmente al conjunto de la sociedad española. La clave es entender la democracia como un sistema equitativo de cooperación a lo largo del tiempo (al modo en que lo hace, por ejemplo, el filósofo John Rawls). Se trata de favorecer la convivencia y priorizar el bien común desde el diálogo y la amistad cívica (sin exacerbar la polarización de posiciones como estrategia para ganar poder). Desde esa perspectiva, te dices a ti mismo que convendría que se diera un reencuentro serio y honesto entre el gobierno y el principal partido de la oposición como punto de partida para reorientar la marcha de la vida pública, aunque ello no parece muy probable que se pueda producir en estos momentos. Sin embargo, te repites en tus adentros que haría falta, sin duda, reconstruir puentes para desactivar el frentismo y propiciar una cooperación equitativa, reinstaurando así el espíritu de concordia que se dio en el periodo de la transición democrática. ¿Cómo lograrlo?

También tú has publicado hoy un breve artículo en el diario digital *La Veu de Llíria*. Es una nota en la que elogias los llamados Premios de Ciudadanía que otorga cada año el Ayuntamiento de L'Eliana el día de la Constitución. Con ellos se quiere reconocer la labor realizada por una serie de personas (o colectivos) que han influido muy positivamente en el desarrollo y la convivencia del municipio. Has creído oportuno hacerlo porque los valores que se ensalzan allí son los mismos que tratáis de explorar y fomentar quienes organizáis un Aula de Ciudadanía en la Escuela de Adultos de Llíria. Además, entre los premiados por el Ayuntamiento de la Eliana este año aparece una maestra (Inmaculada Albert Peñarrocha) cuya figura te parece especialmente ejemplar, pues ha dedicado su larga vida profesional a la educación infantil, centrándose en muchas ocasiones en niños con un alto riesgo de exclusión o marginación social; por otra parte, es una ciudadana solidaria que ha acogido no hace mucho tanto a jóvenes del Sahara como a una familia refugiada de la guerra de Ucrania, y actualmente participa como voluntaria en una asociación de salud mental. La ves como una componente más de un conjunto de ciudadanos anónimos, una red de verdaderos héroes europeos, que con su trabajo y sus acciones cotidianas nos hacen avanzar hacia una sociedad y un mundo mejores, siendo un rayo de esperanza para todos.

¿QUÉ ES EUROPA?

(8 de diciembre de 2023)

Avanzas en la lectura del libro de Timothy Garton Ash y te preguntas con él qué es, en realidad, Europa. Una primera concepción de la misma surge seguramente de la geografía, aunque su delimitación en este ámbito resulta un tanto difusa (y controvertida) en algunas de las fronteras establecidas. Una segunda concepción de Europa la aporta tal vez la historia, desde la época del imperio romano a la actual, aunque hay también por supuesto historias divergentes en las distintas partes de Europa (occidental, oriental y meridional).

Una tercera concepción de Europa se asienta en la cultura (fundamentada en la Grecia clásica, el cristianismo y la Ilustración) y el conjunto de valores derivados de la misma (que identifican a Europa con la libertad, la democracia, la paz, la dignidad y los derechos humanos), aunque una cosa han sido los ideales a que se aspira y otra la auténtica realidad (a veces tan alejada tristemente de aquellos ideales). Finalmente hay una cuarta concepción de Europa, de carácter institucional, que alude al esfuerzo integrador que se puso en marcha tras la Segunda Guerra Mundial alumbrando esa organización que se acabó por llamar Unión Europea, aunque ésta no abarca ciertamente a todos los países europeos.

Garton Ash señala que cada uno tiene su propia experiencia personal de Europa. Te detienes y te interrogas: ¿cuál es la tuya? ¿Cuándo tomaste conciencia de ser europeo? Es decir, ¿cuándo empezaste a incorporar el elemento europeo a tu identidad personal? Una identidad que es, ciertamente, como la de todos, tan compleja y diversa.

UNA EXPERIENCIA PERSONAL

(9 de diciembre de 2023)

Primavera de 1964, acabas de cumplir 14 años y, aunque estás haciendo cuarto de bachiller, has entrado a trabajar simultáneamente en las oficinas de una importante fábrica de sacos de yute que se halla en tu municipio desde 1929. Te han puesto a las órdenes de un matrimonio alemán que ha sido contratado para introducir un sistema mecanizado en la administración de la empresa. Se trata de D. Armand y Dª Elsa Schürmann, procedentes de Hamburgo. Ella es tremendamente seria y competente, mientras él parece algo más sencillo y jovial. Sin saberlo, ambos te aportan tu primera experiencia personal de Europa. Son pacientes y se portan muy bien contigo, haciéndote comprender el sentido de tu trabajo y el funcionamiento global de la fábrica. Ahora bien, su iniciativa fracasó y ambos dejaron la empresa un año después. También tú terminaste de trabajar allí en septiembre de 1965 para dedicarte a cursar ya más tranquilamente sexto de bachiller. Pero ellos no volvieron ya a Alemania, sino que se quedaron a vivir en Llíria y tú les visitaste posteriormente alguna vez. Finalmente, D. Armand murió en 1976 a los 80 años, y Dª Elsa en 1982 a los 84, siendo enterrados ambos en el cementerio municipal.

Curiosamente, años después (a finales de los ochenta) tú y tu mujer entablasteis una buena amistad con otro matrimonio alemán mayores que vosotros, Albert y Úrsula Hauf. Bueno, ella era alemana por completo, mientras que él era hijo de padre alemán y madre mallorquina. Se conocieron cuando ambos estudiaban en la Universidad de Barcelona a principios de la década los sesenta (Albert filología románica y Úrsula un curso avanzado de español). Se casaron en 1964 y acto seguido se marcharon a Cardif (Reino Unido) donde él logro una plaza como profesor de la Universidad. Y allí vivieron hasta venir a Valencia en 1987. Albert Hauf es un catedrático de gran reputación que ha trabajado en la Universidad de Valencia hasta su jubilación. Úrsula era una persona tremendamente culta que te ayudaba a mantener operativo tu inglés y a no perder nunca una perspectiva europea en tu visión de la realidad. Hasta su fallecimiento, que sentiste tanto, en agosto de 2023.

PRIMEROS VIAJES

(10 de diciembre de 2023)

Repensar la experiencia personal de Europa, a la que invita en su libro Timothy Garton Ash, te lleva a recordar tus primeros viajes fuera de España avanzada la década de los años sesenta.

Enero de 1967. Tienes 16 años y te encuentras haciendo el primer curso de la Diplomatura de Turismo. Emprendes en ese momento un impresionante viaje de estudios por el Mediterráneo organizado por la Escuela Oller. Lo llevas a cabo en un crucero turco, el Akdeniz, que irá de Valencia hasta Beirut pasando por Marsella, Nápoles y Alejandría-El Cairo. Vais un buen grupo de estudiantes y de profesores, y aunque no acabas de asimilar del todo, por tu juventud, la tremenda experiencia que vives entonces, sí que hacen notable mella en ti las nuevas realidades que representan cada uno de los puertos y territorios que salen a tu paso. La geografía, la historia del arte y la cultura, la economía, el derecho, los idiomas (francés e inglés) son instrumentos que te ayudarán a interpretar la experiencia de ese universo que existe y se abre a tu alrededor. Europa en el contexto mediterráneo, de este a oeste, de norte a sur. ¿Quién iba a imaginar que unos meses después de aquel viaje cambiarían tanto las cosas con el inicio de la llamada Guerra de los Seis Días entre Israel y el mundo árabe?

Junio de 1967. Tienes 17 años, has terminado primero de Turismo y a través de la Agencia de Viajes del SEU (Sindicato de Estudiantes Universitarios) has firmado un contrato para participar durante mes y medio en un campo internacional de trabajo en Reino Unido. Vas de Valencia a Madrid en autobús, y aquí tomas un tren en dirección a París pasando por la frontera de Hendaya. En la capital francesa vas de una estación a otra que te permitirá coger un tren a Londres atravesando el Paso de Calais. Contrastes y más contrastes en una Europa que se ensancha y diversifica hacia el norte y el oeste. Por fin en la Estación Victoria tomas el tren que te lleva a la localidad de Tiptree, situada en el condado de Essex, al este de Inglaterra. Te instalas en el albergue del campo de trabajo que consta de distintos pabellones, uno de ellos sirve como comedor, sala de cine y de baile. Sois un montón de estudiantes de diferentes partes de Europa (Francia, Alemania, Italia, Suecia, Finlandia, Noruega) y otras partes del mundo (Estados Unidos,

Latinoamérica, Japón). Vuestra tarea principal es la recogida de fresas, pero hay también tiempo de sobra para entablar una interesante relación entre vosotros, estudiar inglés y viajar los fines de semana (a Londres, Cambridge y Oxford). No olvidas nunca que aquel verano viste allí por televisión el estreno que hicieron los Beatles de su canción *All you need is love*, y que luego volviste a España dispuesto a hacer el curso de Preuniversitario y estudiar a continuación la licenciatura de Económicas (sin llegar a interrumpir tu diplomatura de Turismo).

DERECHOS HUMANOS

(11 de diciembre de 2023)

Ayer participaste en un acto local conmemorativo del 75º aniversario de la Declaración Universal de Derechos Humanos por parte de la Asamblea General de Naciones Unidas. Piensas en lo importante que fue aquella Declaración realizada en 1948, aunque se muestre tan difícil su progresiva implantación en las distintas partes de la Tierra (de hecho, la ONU ha avisado de que el mundo está perdiendo en la actualidad el rumbo a este respecto). Un artículo de tu amiga Marta Pedrajas en el diario *Levante* de hoy reflexiona a fondo sobre la materia. Dicha Declaración reconocía la igual dignidad de todos los seres humanos como base de la fraternidad y de los derechos inalienables de cada persona.

Sin duda, este 75 aniversario se celebra en unos momentos históricos turbulentos y convulsos. La humanidad se enfrenta en el presente a guerras y conflictos inesperados, además de a retos como la pobreza, el cambio climático y otros muchos problemas globales y locales. Marta Pedrajas señala que deberíamos afrontar ese difícil escenario desde aquello que nos une (unos valores y unos principios compartidos), y garantizar los derechos humanos para todos. Piensas que tras la Segunda Guerra Mundial la humanidad atravesaba igualmente una época de tremendas dificultades y desafíos, y que los gobernantes de aquel tiempo fueron capaces de ponerse de acuerdo en algunos aspectos cruciales para el futuro (tanto en el ámbito de la cooperación internacional como en el más cercano de la integración europea). ¿Acaso no pueden nuestros mandatarios actuales responder de un modo similar?

PRIMEROS LIBROS

(12 de diciembre de 2023)

Pero no quieres detenerte más en ese punto, sino que deseas volver a la invitación que sientes que te ha hecho Timothy Garton Ash de seguir reflexionando sobre tu experiencia personal de Europa. ¿Qué libros o autores te acercaron inicialmente a dicha experiencia en tu época de estudiante universitario?

En realidad, la idea de Europa tardó en hacerse presente en tu universo mental. Fue apareciendo gradualmente de un modo bastante disperso o difuso. Superado el curso de Preuniversitario en el magnífico Instituto Luis Vives de Valencia, estudiaste a lo largo de cinco años (entre 1968 y 1973) la licenciatura de Ciencias Económicas en la Universidad de Valencia. Fue un tiempo extraordinario en el que tu interés por las materias económicas se combinó con una inquietud intelectual mucho más amplia.

Algunos libros del profesor José Luis Sampedro (entre otros, *Las fuerzas económicas de nuestro tiempo*) te ayudaron a situarte en el mundo en que vivías. Un gran pensador austriaco emigrado a Estados Unidos, Joseph A. Schumpeter, te aproximó al saber de las principales ideas económicas y políticas a través de diversos textos (como, por ejemplo, *Capitalismo, socialismo y democracia*); y otro gran pensador sueco, Gunnar Myrdal, te permitió ahondar en el análisis de los procesos económicos y sociales (a través, por ejemplo, de *Teoría económica y regiones subdesarrolladas*). Cayeron también en tus manos ensayos de una variedad de filósofos europeos (entre otros, el británico Bertrand Russell, el francés Roger Garaudy o el español Carlos Castilla del Pino) que te pusieron al corriente del avance y preocupaciones del pensamiento humanista contemporáneo. Relatos y reflexiones sobre la Primavera de Praga (a cargo de Radoslav Selucký u Ota Sik) te alertaron de la dificultad de liberalizar el sistema socialista en el este de Europa (bajo férreo control del poder soviético). Y una serie de obras narrativas, muchas de las cuales comentaste con tu amigo José Vicente Pérez Cerverón, te mostraron el ambiente de la Europa posterior a 1945 y los problemas morales que prevalecían entonces (como, por ejemplo, la novela *Opiniones de un payaso* del autor alemán Heinrich Böll, o los guiones cinematográficos *Zeta* y *La confesión* del escritor hispano francés Jorge Semprún). De algún modo, Europa empezaba a ser para ti toda esa entrelazada red de ideas.

UNIDAD EN LA DIVERSIDAD

(13 de diciembre de 2023)

A la pregunta qué es Europa, Timothy Garton Ash responde en su libro que se trata de una especie de tapiz en el que han trabajado millones de manos a lo largo de la historia para producir una imagen que es única y singular. Pero acto seguido añade que consiste igualmente en un tipo de caleidoscopio compuesto por piezas que brillan cada una con colores que son propios y característicos. ¿Cuántas lenguas se hablan, por ejemplo, en el conjunto de Europa? No es de extrañar que el lema (principio o divisa) que aparece en el Tratado de la Unión Europea sea este (de valor tan extraordinario): "Unida en la diversidad". Aunque ello requiere, sin duda, una voluntad (política) de actuar juntos como europeos que no siempre se ha dado (ni se da) con la misma intensidad. En todo caso, piensas que, en balance, el proyecto de la Unión Europea ha contribuido al progreso, la democratización y la cohesión social de los países del viejo continente, facilitando su unidad en la diversidad.

Miras atrás y reconoces el buen hacer de los mandatarios que iniciaron el proyecto europeo (con el apoyo de tantos ciudadanos de aquella generación que se involucraron en él). La socialdemocracia y la democracia cristiana concurrieron de forma importante en el nacimiento del mismo. Tras la llamada de Schuman en 1950, seis países (Alemania Occidental, Bélgica, Francia, Holanda, Italia y Luxemburgo) firmaron en 1951 el Tratado de París constitutivo de una Comunidad Europea del Carbón y del Acero, y esos mismos países se convirtieron en 1957, a través del Tratado de Roma, en los socios fundadores de la llamada Comunidad Económica Europea, origen de la actual Unión Europea. Piensas que desde entonces el proceso de integración europea ha ido avanzando tanto en profundidad (compartiéndose más competencias en común) como en ampliación (aumentando el número de países incorporados al proceso), aunque también ha habido entremedias distintas fases de estancamiento y serias dificultades.

EL CRISTIANISMO Y EUROPA

(14 de diciembre de 2023)

Se acerca ya la Navidad e influido por esa celebración te preguntas qué relación existe entre el cristianismo y Europa. No son pocos los autores que aluden al trasfondo histórico del imperio romano y el cristianismo para explicar la unidad de raíz de Europa. Sin duda, la civilización grecorromana y judeocristiana nos llegó a través de Roma y, según destaca Timothy Garton Ash, "la unión de Roma y el cristianismo alumbró la idea bajo medieval de Europa de la que desciende la nuestra". Pero el cristianismo fue, al mismo tiempo, el mayor elemento de diversidad (en la unidad) de Europa durante muchos siglos. Primero, mediante la separación de un imperio romano de Oriente de otro de Occidente (este segundo cayó en manos de los bárbaros en el siglo V, mientras que el imperio de Oriente o imperio bizantino prosiguió hasta el siglo XV en que se produjo la caída de Constantinopla a manos de los turcos otomanos), una separación de la que derivaría el cisma entre los católicos romanos y los ortodoxos orientales. Después sucedería en Occidente (a partir de la Reforma de Lutero en el siglo XVI) la ruptura entre los católicos y las diversas confesiones protestantes.

A principios del siglo XXI la Unión Europea instituyó una Convención para redactar una Constitución europea que luego se rechazó y fue sustituida por el actual Tratado de Lisboa. Uno de los debates de aquella convención giró en torno a si el cristianismo debía incluirse en el preámbulo de la fallida Constitución. Al final la idea se descartó y se subsumió en esta frase que figura al inicio del actual Tratado de la Unión: "Inspirándose en la herencia cultural, religiosa y humanista de Europa, a partir de la cual se han desarrollado los valores universales de los derechos inviolables e inalienables de la persona, así como la libertad, la democracia, la igualdad y el Estado de Derecho". Con ello, quiere subrayarse que, más allá del cristianismo, el proyecto europeo se basa también en la herencia de la Ilustración y los cambios científicos y filosóficos que emanaron de ella.

NEGOCIACIONES DE ADHESIÓN

(15 de diciembre de 2023)

El Consejo Europeo que se celebró ayer en Bruselas adoptó unas decisiones extraordinarias, condicionado por la delicada situación en que se halla Ucrania tras dos años de sufrir la terrible guerra de agresión de Rusia. En efecto, la Unión Europea ha acordado iniciar las negociaciones de adhesión con Ucrania y con la República de Moldavia, además de conceder el estatuto de país candidato a Georgia. El Consejo subraya que "la ampliación constituye una inversión geoestratégica en la paz, la seguridad, la estabilidad y la prosperidad". Y por eso mismo ha intensificado los pasos del proceso negociador que ya seguía previamente con Bosnia y Herzegovina, Macedonia del Norte y los Balcanes Occidentales. La Unión es consciente de que, a medida que se amplia, el éxito de la integración europea exige que las políticas y las finanzas se adapten de forma conveniente y que las instituciones comunitarias funcionen de forma eficaz, conforme a los valores en que se fundamenta la Unión. Por eso el Consejo Europeo abordará las reformas internas necesarias a lo largo de 2024.

Piensas en lo distinta que es esta Europa de hoy de aquella de la Guerra Fría de la que habla Timothy Garton Ash en la primera parte de su libro. Una Europa dividida entonces por un implacable Telón de Acero donde los países del Este vivían bajo el control de la desaparecida Unión de Repúblicas Socialistas Soviéticas (URSS). En la parte occidental, a lo largo de los años sesenta, los seis países fundadores de la Comunidad Económica Europea realizaron una unión aduanera entre los mismos que contribuyó a reforzar su desarrollo económico y social, y a entrelazar al mismo tiempo la vida de sus ciudadanos.

Por entonces imperaba en Europa Occidental un amplio consenso entre las principales fuerzas políticas en la necesidad de contar con un importante Estado de Bienestar como complemento de la economía de mercado. Se configuró, así, un sistema socioeconómico mixto, una economía social de mercado o un "modelo social europeo", que se creía el más idóneo para alcanzar de forma adecuada tres objetivos deseables de política económica: la eficiencia, la estabilidad y la equidad.

Esta orientación de la política económica a escala nacional impregnó también el sentido del proyecto común europeo. Un proyecto cuyo éxito en la primera etapa de su esfuerzo de integración fue tan importante que atrajo de inmediato a tres nuevos Estados miembros (Dinamarca, Irlanda y Reino Unido), los cuales se incorporaron a la Comunidad Económica Europea en 1973 (dando lugar a la primera ampliación de la misma).

En cambio, en aquella época, al otro lado del Telón de Acero el bloque soviético entraba en una notable fase de estancamiento que se acentuaría a lo largo de los años setenta. Garton Ash señala que en aquellos países había un gran descontento social, pero que este no se podía plasmar en una oposición abierta y generalizada al régimen comunista porque aún seguía vivo el recuerdo de la invasión soviética de Checoslovaquia que sofocó las esperanzas de la Primavera de Praga en 1968.

EL ESPÍRITU DE UNA ÉPOCA

(16 de diciembre de 2023)

Lees varias veces estas palabras de Timothy Garton Ash y las dejas reposar pausadamente dentro de ti: “Todos somos un reflejo inconsciente del espíritu de la época y el lugar donde crecimos. Solo con el paso de los años descubrimos algunas de las razones ocultas que guiaron nuestros actos. Al final, lo importante es lo que hacemos”. Piensas en esas palabras y entonces te vienen a la mente otros recuerdos del ayer.

Tu etapa como estudiante en la Facultad de Economía de la Universidad de Valencia transcurrió a finales de los años sesenta y principios de los setenta. Fue un período en el que, en el ámbito general de la ciencia económica, predominaban las ideas keynesianas. En el ámbito de la política económica aplicada en los países de la OCDE (las llamadas economías de mercado occidentales, o economías mixtas), tanto el entorno académico como las distintas instituciones internacionales (FMI, Banco Mundial, GATT) promovían el objetivo de lograr unas altas tasas de crecimiento económico que fueran compatibles con un determinado nivel de equilibrio interno y externo. Y frente a este Primer Mundo, configurado principalmente por los países más ricos, aparecía el modelo alternativo de las economías planificadas correspondientes a los llamados países socialistas (el Segundo Mundo) que se hallaban en una pugna constante con los anteriores por la hegemonía mundial. Todo para influir en la estrategia de los países en desarrollo (el llamado Tercer Mundo) que en su mayoría eran antiguas colonias recientemente independizadas.

Tras la dura recuperación de los primeros años de la postguerra mundial, y gracias a las reformas económicas que se adoptaron y al Plan Marshall americano, se inició la fase de prosperidad de los años cincuenta. Países como Alemania Occidental, Japón, Italia y Francia vivieron sus respectivos "milagros económicos". Estos continuaron en la década de los años sesenta, y a ellos se sumó ya por entonces España. Ahora bien, este largo período de auge se vio truncado de pronto por la crisis de principios de los años setenta. Por un lado, entró en crisis el Sistema Monetario Internacional (1971-1973) surgido de la postguerra; por otro lado, aconteció el fin de una era de energía barata y abundante con los shocks en el precio del petróleo (1973-1974 y 1979-1981).

GUERRA Y PAZ

(17 de diciembre de 2023)

Con la celebración en Bruselas del reciente Consejo Europeo (de jefes de Estado y de Gobierno) termina prácticamente el turno semestral español de la presidencia rotatoria del Consejo de la UE (siendo esta la quinta vez que le ha tocado a nuestro país ejercerla desde su adhesión en 1986). Parece que España no ha hecho mal del todo este trabajo (así lo indica, al menos, una parte de la prensa europea), aunque ha habido (como siempre) luces y sombras al respecto. De manera inesperada, en este período se ha producido el inicio de una nueva guerra de israelíes contra palestinos. Tras los tremendos atentados perpetrados por Hamas en el Estado judío, la respuesta militar de éste ha sido sumamente desproporcionada, causando un auténtico drama humanitario en el territorio de Gaza.

A España le ha tocado liderar una difícil posición común de la UE sobre dicho conflicto cuyas consecuencias no dejan de afectarnos de un modo u otro.

Pero lo más importante de esta presidencia española de la UE ha sido, sin duda, la decisión histórica de lanzar conversaciones de adhesión con Ucrania (que se halla en plena guerra frente a la agresión rusa) y con Moldavia (que tampoco controla plenamente su territorio). Tal acuerdo adoptado por el Consejo Europeo marca un punto de inflexión en la evolución de la UE; un acuerdo que, dado los riesgos que entraña, se ha justificado en términos de una defensa de los valores europeos y una inversión en seguridad y prosperidad de la Unión. A tenor de las encuestas ciudadanas, una mayoría de ucranios desea integrarse en el proyecto europeo. Ahora bien, piensas que el país aún no está suficientemente preparado para ello y que deberá seguir abordando reformas institucionales muy relevantes para alcanzar dicho fin.

VIVIR LA VIDA HACIA DELANTE

(18 de diciembre de 2023)

En el libro de Timothy Garton Ash se recoge una preciosa cita del filósofo danés Soren Kierkegaard que dice así: "La vida solo se comprende hacia atrás, pero se vive hacia adelante". Son unas palabras que te hacen recordar la enorme perplejidad que experimentaste tú, y el conjunto de la profesión de economistas, conforme se fue agravando aquella gran crisis económica de los años setenta.

En efecto, muchas de las certezas que se tenían asumidas hasta entonces se vieron sacudidas de pronto. Se trataba aquella de una crisis esencialmente de oferta (con shocks de costes y grandes reajustes en sectores productivos básicos) a la que resultaba muy difícil responder mediante las políticas tradicionales de regulación de la demanda. El desconcierto fue evidente en el seno de los distintos paradigmas académicos, y sólo gradualmente se fueron urdiendo respuestas adecuadas a toda esta problemática histórica.

Precisamente, tú te incorporaste al departamento de Política Económica de la Universidad de Valencia en octubre de 1973, bajo la dirección de los profesores Manuel Sánchez Ayuso y Emèrit Bono. Enseguida empezaste a trabajar con tu tesis doctoral que centraste en un análisis de la política monetaria española. El ambiente del departamento era formidable en aquella época. Víctor Fuentes se hallaba enormemente interesado en el estudio del primer Informe del Club de Roma (dirigido por Dennis Meadows) sobre *Los límites del crecimiento*. Juan A. Tomás Carpi había focalizado su tesis doctoral en las aportaciones de Gunnar Myrdal al pensamiento económico. Andrés García Reche hurgaba en las relaciones existentes entre el poder económico y el poder político. Isidro Antuñano centró su tesis doctoral en el estudio del institucionalismo y las aportaciones de John Kenneth Galbraith a la política económica. Y Raúl Herrero prestaba una gran atención al funcionamiento de las economías socialistas del este de Europa.

En conjunto, los componentes de aquel departamento sosteníais una visión de la Economía como una ciencia social y empírica que se hallaba consagrada al estudio de los sistemas económicos como parte de los sistemas sociales. Una ciencia de carácter aplicado vinculada muy de cerca a los problemas económicos y las políticas reales (un instrumento de conocimiento para afrontar los problemas de cada país en cada momento histórico), y alejada por tanto de planteamientos puramente formales de la materia. Una visión que orientaba vuestros propios trabajos profesionales y se fue exponiendo en las memorias académicas que presentasteis en los distintos concursos y oposiciones que tuvisteis que afrontar. Pero vuestros enfoques tuvieron que ser revisados muy a fondo a raíz de aquella gran crisis económica de los años setenta. Una crisis que exigió a cada uno de vosotros un gran esfuerzo de aprendizaje para vivir, justamente, la vida hacia delante.

EL VALOR DEL CONSENSO

(19 de diciembre de 2023)

Ves en la prensa de hoy las dificultades que tienen para encontrarse (más aún para hablar y entenderse) el presidente del gobierno y el líder de la oposición y entonces valoras en gran medida el espíritu de consenso que reinó durante los años de la transición democrática y dio frutos tan importantes para nuestro país.

En España, la crisis económica internacional de los años setenta aconteció mientras se estaba produciendo aquella transición política a la democracia y ello complicó gravemente las cosas. Hizo falta acometer grandes reformas que fueron facilitadas por un importante consenso político, económico y social que se tradujo en los llamados Pactos de la Moncloa (firmados en octubre de 1977 por todos los grupos parlamentarios del Congreso, tras las primeras elecciones generales de junio). Testigos y actores de dicho acuerdo fueron los profesores Manuel Sánchez Ayuso y Emèrit Bono, a la sazón diputados en el Congreso, que en su constante ir y venir al departamento os tenían informados de los avances al respecto.

Por otro lado, la crisis alteró también los planteamientos de la teoría y la política del desarrollo regional. Gradualmente, la política regional fue poniendo su punto de mira en la capacidad de activar el desarrollo endógeno de los distintos territorios, y a ello contribuyó igualmente la configuración constitucional del Estado de las Autonomías en los años 80 que conllevaría un gran proceso de descentralización político-económica y reforzaría la necesidad de estudiar a fondo la realidad socioeconómica regional.

ESTANCIA EN INGLATERRA

(20 de diciembre de 2023)

Abres ahora un paréntesis y vuelves a conectar con tu experiencia personal de Europa estimulado por el libro de Timothy Garton Ash. Te sitúas en los primeros años de la década de los ochenta. Has pasado por una corta etapa al frente del Ayuntamiento de Llíria y sientes que necesitas reciclarte a fondo para relanzar tu tarea como profesor de economía en la Universidad de Valencia (que constituye tu verdadera vocación). Te informas entonces de un prestigioso máster de Estudios Europeos que se cursa en la Universidad de Reading (Inglaterra) y, tras hablarlo con tu mujer, decides pedir una beca y solicitar la matrícula en el mismo.

Aquella experiencia como estudiante de postgrado en Inglaterra, que fue tan rica y provechosa, se extendió desde principios de agosto de 1984 a mediados de junio de 1985. Hubo un curso previo de perfeccionamiento del inglés y de adaptación a la Universidad de Reading (que seguiste junto a otros estudiantes europeos, latinoamericanos, africanos y asiáticos que optaban a diferentes cursos de postgrado en dicha universidad). Luego arrancó tu propio máster dedicado a la integración europea en el que tuviste a destacados profesores (como Geoffrey Denton, George Yannopoulos y Alan Swinbank) y a un variado grupo de interesantes compañeros procedentes de diversos países europeos (Reino Unido, Francia, Italia, España y Grecia). Levantas la cabeza y ves en tus estanterías buena parte del material que trajiste de aquel máster. Entre otros, un espléndido libro (sobre el comercio interior y exterior europeo) del profesor Robert Hine (de la Universidad de Nottingham) con quien entablaste después una buena amistad.

DISCIPLINA FISCAL E INMIGRACIÓN

(21 de diciembre de 2023)

Hoy la prensa se hace eco de otros dos importantes acuerdos adoptados por la UE antes de que se complete el semestre de presidencia española y se inicie un nuevo año (en el que habrá elecciones al Parlamento Europeo en el mes de junio, que se traducirán después en un cambio de la Comisión Europea). Por un lado, la UE ha llegado a un nuevo pacto de estabilidad en materia fiscal tras la suspensión que hubo de las normas al respecto durante los años de crisis económica y de pandemia; se retoman así nuevas exigencias de disciplina presupuestaria a los distintos países de la UE, aunque con una flexibilidad acorde a las diferentes circunstancias. Por otro lado, se ha cerrado un pacto migratorio con un paquete de reglamentos que unificarán la gestión de las fronteras e intentarán ordenar el reparto de refugiados, aunque también endurecen las condiciones de acogida y entrada de inmigrantes a la UE; se ha logrado así alcanzar una costosa postura común, pero algunas organizaciones humanitarias entienden que se ha priorizado más el blindaje de fronteras que la protección de las personas (ello como antídoto ante el avance de la extrema derecha populista en Europa).

Este segundo punto te ha llevado a leer con emoción unas páginas del libro de Timothy Garton Ash dedicadas a los flujos migratorios que hubo en Europa Occidental entre los años cincuenta y los ochenta. En efecto, la larga fase de prosperidad económica que vivió esta zona desde la postguerra hasta la crisis del petróleo atrajo fuertes corrientes de inmigrantes procedentes principalmente del sur de Europa (ocupando España un destacado lugar) y el norte de África. Las sociedades de acogida se fueron haciendo así más multiculturales, planteándoseles un nuevo reto en este sentido. Es cierto que la crisis de los años setenta detendría momentáneamente aquellos flujos migratorios, pero estos retornarían después (en los años ochenta) con un carácter diferente (y más complejo), pasando España a ser también destino de los mismos (ya en los años noventa).

LA ADHESIÓN DE ESPAÑA A LA UE

(22 de diciembre de 2023)

En su libro sobre Europa, Timothy Garton Ash dedica un amplio apartado a narrar la batalla que libraron los países del Este por su libertad a lo largo de los años ochenta. Una batalla que, en algún caso (como por ejemplo Polonia), tuvo muy presente el referente de España (sumados a los de Grecia y Portugal) en su proceso de transición a la democracia y posterior adhesión a la UE.

En efecto, apenas completaron su transición a la democracia, los tres países referidos del sur de Europa solicitaron enseguida su adhesión a la Comunidad Europea, accediendo Grecia en 1981 y España y Portugal en 1986. Con ello se produjo sucesivamente la segunda y la tercera ampliación comunitaria, pasando el proyecto europeo a contar ya con doce Estados miembros y diversificándose notablemente su composición.

Con la perspectiva de los años, te parece fuera de duda que la integración de España en la Unión Europea fue un factor fundamental para el desarrollo y la modernización del país. Dicha integración, respaldada amplísimamente por la ciudadanía española, promovió grandes cambios en el sistema productivo, en las pautas de comportamiento de los agentes económicos y sociales, y en las propias instituciones y políticas económicas. Los ajustes productivos implicaron algunos costes sociales en el corto plazo, pero los efectos dinámicos derivados de la integración europea superaron con mucho a aquellos costes, y además se contó con una notable ayuda estructural por parte de la UE que se prolongó en el tiempo. Como resultado de todo ello, España experimentó un importante impulso en su proceso de desarrollo y quedó mejor preparada para afrontar los retos de la creciente globalización en los años siguientes.

UN AMBIENTE DE GRAN ESPERANZA

(23 de diciembre de 2023)

En vísperas de la Navidad resulta esperanzador encontrar en la prensa la noticia de que al fin se han podido reunir el presidente del gobierno y el líder de la oposición, adoptando el acuerdo de retomar las negociaciones para renovar el Consejo General del Poder Judicial con la mediación de un representante de la Comisión Europea. Algo es algo. De pronto te sitúas en las vísperas de Navidad de 1985 y recuerdas el ambiente de enorme entusiasmo y gran esperanza que reinaba entonces en la sociedad española cuando ya estábamos a punto de entrar en la UE.

En efecto, España (igual que Portugal) había firmado su Tratado de Adhesión con la Comunidad Europea el 12 de junio de 1985 (después de varios años de intensas negociaciones al respecto) y su entrada efectiva se iba a producir el 1 de enero de 1986. Fueron muchos los debates que hubo en aquel tiempo sobre si los resultados de aquellas negociaciones habían sido mejores o peores para nuestro país, pero lo bien cierto es que España accedía por fin a la UE y la mayor parte de los ciudadanos veía este hecho como algo muy positivo para nuestro futuro.

Tú habías regresado de Inglaterra (finalizado el máster) justo en el momento en que se había acabado de firmar el Tratado de Adhesión, y te reincorporaste de inmediato a tu puesto como profesor en la Facultad de Economía de la Universidad de Valencia. Tenías muy claro que a partir de entonces buena parte de tu labor docente e investigadora pasaría a centrarse en los temas relacionados con la Unión Europea. Y ciertamente fue así. Tu primera tarea recuerdas que consistió en colaborar en el *Libro Blanco sobre la repercusión en la Comunidad Valenciana de la adhesión de Espana en la CEE*, bajo la dirección del profesor Francisco Pérez. Un estudio encargado por la Conselleria de Economía y Hacienda de la Generalitat Valenciana a un amplio conjunto de profesionales, en el que te correspondió abordar el apartado correspondiente a "Los Acuerdos Preferenciales de la CEE con Terceros Países y sus posibles efectos sobre la Comunidad Valenciana".

NOCHEBUENA

(24 de diciembre de 2023)

Hoy se celebra la Nochebuena cristiana y eso te ha llevado a pensar en los momentos de duro sufrimiento que ha vivido Europa y el conjunto de la humanidad a lo largo de la historia; pero también en los instantes esperanzadores en que, de pronto, ha surgido una luz que ha hecho posible avanzar las cosas hacia un mundo mejor. El libro de Timothy Garton Ash refiere cómo, de forma casi milagrosa, en la segunda mitad de la década de los ochenta confluyeron toda una serie de procesos históricos favorables (protagonizados por personalidades muy singulares) que produjeron una transformación extraordinaria en el continente europeo.

Así, en marzo de 1985 pasó a ser presidente de la Unión Soviética Mijaíl Gorbachov, un dirigente reformista que, de forma casi inesperada, abrió las puertas a un mayor entendimiento con los líderes de Estados Unidos y Europa Occidental, dando fin a la Guerra Fría heredada de la postguerra. Al mismo tiempo, permitió toda una dinámica de cambios políticos en los países del Este de Europa que condujeron de manera pacífica y gradual hacia la democracia y la libertad. Y la antigua URSS acabaría despareciendo para transformarse en la Federación de la Rusia actual y una comunidad de Estados independientes asociados.

Mientras tanto, en Europa Occidental tuvo lugar una fase de muy relevantes cambios institucionales, económicos y tecnológicos, y ello influyó a su vez en el curso que tomaron los acontecimientos en los países del Este de Europa. En tu mente destaca como un episodio de alto significado el acceso de Jacques Delors a la presidencia de la Comisión Europea en 1985, una figura de gran alcance y carisma que dio un enorme impulso al proceso de integración europea en el transcurso de sus diez años de mandato al frente de la Comisión.

ALMA EUROPEA

(25 de diciembre de 2023)

En el día de Navidad recuerdas aquel encomiable empeño que tuvo Jacques Delors de hacer sentir a todos los ciudadanos el alma que había detrás del proyecto de la Unión Europea. Así, en 1985 el cuarto movimiento de la *Novena sinfonía* de Beethoven (conocido como el "Himno a la alegría") se convirtió en el himno oficial europeo (como expresión de los ideales europeos de libertad, paz y fraternidad entre los seres humanos); y la bandera de las doce estrellas amarillas sobre fondo azul pasó a ser la bandera europea, ondeando junto a las banderas nacionales de los Estados miembros como símbolo emotivo de unión (dichas estrellas no aluden al número de países, sino que representan los ideales de armonía y solidaridad entre los pueblos de Europa).

A la postre, piensas que esa alma europea es la que se quiere mostrar por escrito en el preámbulo y los primeros artículos del Tratado de la UE. Así, según reza el artículo 2: "La Unión se fundamenta en los valores de respeto de la dignidad humana, libertad, democracia, igualdad, Estado de Derecho y respeto de los derechos humanos, incluidos los derechos de las personas pertenecientes a minorías. Estos valores son comunes a los Estados miembros en una sociedad caracterizada por el pluralismo, la no discriminación, la tolerancia, la justicia, la solidaridad y la igualdad entre mujeres y hombres". Y el artículo 4 apunta que: "La Unión tiene como finalidad promover la paz, sus valores y el bienestar de sus pueblos".

EUROESCEPTICISMO

(26 de diciembre de 2023)

Frente al entusiasmo europeísta del presidente de la Comisión Europea Jacques Delors, se alzaba ya en la segunda mitad de la década de los ochenta el euroescepticismo de la primera ministra del Reino Unido Margaret Thatcher. Ésta, como mucho, aceptaba una "Europa de los Estados" de carácter intergubernamental (con el Consejo Europeo de jefes de Estado y de gobierno como principal institución común), mientras que aquél era partidario de una Unión Europea de carácter más supranacional y federalista (compartiendo más competencias y dotando de un mayor peso al papel de la Comisión y el Parlamento Europeo). La pugna entre ambos mandatarios la cuenta con bastante detalle en su libro Timothy Garton Ash.

Con todo, piensas que, una vez consiguió sus aspiraciones de devolución de determinadas aportaciones británicas al presupuesto comunitario, Margaret Thatcher apoyó sin problemas el proyecto de Delors de avanzar hacia un mercado único europeo que fue suscrito en 1986. Más adelante se mostró igualmente como una firme defensora de la ampliación de la Unión Europea hacia el Este. Ahora bien, en absoluto estuvo de acuerdo con la creación de una unión monetaria europea en la que no llegó a participar jamás el Reino Unido. En realidad, el avance de la Unión Europea a lo largo del tiempo se ha ido moviendo en una posición intermedia entre la de Margaret Thatcher y Jacques Delors, combinándose el método intergubernamental con el supranacional en diferentes ámbitos de acción política.

MERCADO ÚNICO EUROPEO

(27 de diciembre de 2023)

Sin duda, el ambicioso proyecto de crear un mercado único europeo aportó un nuevo y gran impulso al proceso de integración europea de la mano de Jacques Delors. Si en base al Tratado de Roma (de 1957) la Comunidad Europea había logrado alcanzar una unión aduanera (que fue acompañada de otras realizaciones importantes, como la instrumentación del Fondo Social Europeo), ahora la idea era dar un salto más en el proceso integrador y conseguir un auténtico mercado común (un mercado interior unificado con libre circulación de mercancías, personas, servicios y capitales) para finales de 1992. Ello se plasmó en la llamada Acta Única Europea (que fue el documento que vino a reformar y sustituir el fundacional Tratado de Roma). Un Acta que, junto a las necesarias medidas de liberalización económica, incorporó también otras políticas comunitarias clave (como la de cohesión económica, social y territorial, instrumentada a través de los fondos estructurales).

Piensas en todo ello, en el gran dinamismo que aquella iniciativa promovió en la UE en la segunda mitad de los años ochenta, y te ves a ti mismo participando de alguna manera en aquel ambiente tan estimulante y contagioso. España acababa de entrar en la Comunidad Europea y ya tenía que prepararse para un reto de apertura aún mayor (el mercado único). El gobierno de Felipe González (y con él cada gobierno regional) trató de apoyar la adaptación del tejido productivo español al entorno europeo, y numerosos estudiosos analizaban la situación y exigencias ante dicho reto.

A este respecto, dos recuerdos te vienen a la memoria situados en 1986. Por un lado, la publicación de tu artículo "La Comunidad Valenciana en el contexto del Área Mediterránea" en la revista *Papeles de Economía Española*. Por otro lado, tu designación como director del Centro de Documentación Europea de la Universidad de Valencia cuando sustituiste en el cargo a Manuel Sanchis i Marco que se marchó a Bruselas tras ganar la oposición de técnico superior de la Comisión Europea.

PRIMER VIAJE A BRUSELAS

(28 de diciembre de 2023)

La prensa trae hoy la noticia de la muerte de Jacques Delors, a los 98 años, ese entusiasta europeísta que contribuyó a dar tan fuerte impulso a la UE en sus años al frente de la Comisión (1985-1995). Piensas en ello con emoción y en eso recuerdas que hiciste tu primer viaje a Bruselas en diciembre de 1986, invitado por la Comisión junto a otros directores españoles de Centros de Documentación Europea. Os enseñaron las dependencias de las distintas instituciones comunitarias y tuvisteis charlas con altos funcionarios de las mismas sobre las principales iniciativas de la Comunidad Europea que había entonces en marcha. La más importante de ellas era claramente la entrada en vigor del Acta Única Europea prevista para el 1 de julio de 1987. Pero además os prestaron una especial atención miembros de los equipos de los dos Comisarios españoles: Abel Matutes (que estaba encargado de realizar un programa de apoyo para la pequeña y mediana empresa) y Manuel Marín (que tenía entre manos el lanzamiento del programa Erasmus de fomento de la movilidad entre estudiantes y profesores universitarios europeos).

En lo personal, en aquel viaje tuviste la suerte de coincidir con el profesor Alejandro Lorca de la Universidad Autónoma de Madrid (además de director del Instituto de Economía y Geografía Aplicadas del Consejo Superior de Investigaciones Científicas). De pronto descubristeis que teníais muchos puntos de interés académico en común, referidos especialmente a las relaciones europeas con el Mediterráneo.

En aquellos momentos Alejandro Lorca se hallaba organizando un encuentro con economistas marroquíes en Rabat, a celebrar en junio de 1987, y te ofreció de inmediato la posibilidad de participar en el mismo. Aceptaste encantado su invitación pensando en preparar una ponencia sobre el sector citrícola español y la política mediterránea europea (un tema que había constituido tu trabajo final en el máster que cursaste en la Universidad de Reading).

EUROPA Y EL MEDITERRÁNEO

(29 de diciembre de 2023)

Gran parte de tu quehacer investigador a lo largo de 1987 y 1988 estuvo dedicado a analizar la política mediterránea de la Comunidad Europea y a considerar la posición que ocupaba

España en este contexto. Tras el encuentro celebrado en Rabat en junio de 1987, el profesor Alejandro Lorca te ofreció seguir colaborando con el Instituto de Economía y Geografía Aplicadas del CSIC en lo sucesivo. De hecho, en enero de 1988 él tenía previsto organizar un nuevo encuentro hispano-magrebí, ahora en Gredos (contando con la participación de economistas no sólo de Marruecos, sino también de Argelia y Túnez) y tú preparaste una ponencia para el mismo centrada en el problema de la insuficiencia alimentaria en el Magreb.

No olvidarás jamás al profesor Habib El Malki, de la Universidad V de Rabat, con el que llegaste a entablar tan buena relación personal. Ni tampoco olvidarás que en junio de 1988 te presentaste al concurso-oposición de una plaza de catedrático de Economía Aplicada para la Universidad de Valencia, la cual pudiste ganar, entre otras cosas, gracias al trabajo de investigación que mostraste sobre las relaciones de España con los países de la cuenca mediterránea (derivando de ahí un libro que publicaste después con el título de *España frente a los terceros países mediterráneos*, editado por la Conselleria de Agricultura de la Generalitat Valenciana).

Poco antes de aquel concurso, para tener más tiempo en su preparación, dejaste la dirección del Centro de Documentación Europea (sustituyéndote en el cargo Cecilio Tamarit). Te libraste así de una cierta tarea de gestión, pero posteriormente seguiste muy vinculado a dicho centro (en el que Alfonso Moreira sustituiría muy pronto a Dolors Cueves como documentalista) por tu persistente interés en todo lo concerniente a la integración europea.

VISITA A DUBLÍN Y ESTANCIA EN READING

(30 de diciembre de 2023)

Ayer se celebró el sepelio de Pilar Tamborero Sanjuán, una profesora de tu mismo departamento, bastante más joven que tú (57 años), con la que compartiste docencia sobre la economía de la Unión Europea en la Universidad de Valencia. Una persona de gran preparación e inteligencia a la que apreciaste mucho y que ahora acababa de fallecer víctima de un cáncer. Y recuerdas cómo la conociste, en noviembre de 1989, tras regresar de tu segunda estancia en la Universidad de Reading. Ni ella ni tú sabíais entonces cuánto os iba a conectar vuestro común interés y entusiasmo por el proyecto de integración europea.

Aquel año fue particularmente intenso para ti en la actividad universitaria. En enero de 1989 participaste en un segundo encuentro hispano-magrebí organizado en Gredos por el equipo de Alejandro Lorca en el CSIC. El encuentro tuvo como invitado al profesor George Yannopoulos, de la Universidad de Reading, quien te animó a realizar una estancia como investigador visitante en dicha universidad. La planeaste para el mes de octubre de ese mismo año, pero antes (en el mes de abril) hiciste un viaje de gran interés a Dublín para asistir a un congreso organizado por la Asociación Europea de Desarrollo Regional (un magnífico congreso que contó con la presencia de grandes expertos europeos en la materia, entre ellos el profesor Juan Ramón Cuadrado de la Universidad Alcalá de Henares). Ahora bien, sin duda fue en Reading donde experimentaste de nuevo un notable impulso en el aprendizaje sobre la Unión Europea, pues durante un mes pudiste estudiar allí con tranquilidad, entrevistarte con diversos profesores e impartir un tema en el master de Estudios Europeos que tú habías cursado cuatro años atrás (publicándose tu trabajo en los *Discussion Papers in European Studies* de dicha Universidad).

CAÍDA DEL MURO DE BERLÍN

(31 de diciembre de 2023)

Termina el año 2023 con muchas guerras abiertas en el mundo que están causando tanto sufrimiento humano, siendo las dos más cercanas a nosotros la de Ucrania (tras la invasión rusa) y la de Palestina (donde Israel está destruyendo atrozmente la franja de Gaza). De pronto abres el libro de Timothy Garton Ash sobre Europa y te recreas en las magníficas páginas dedicadas a la caída del Muro de Berlín. Ésta tuvo lugar el 9 de noviembre de 1989 y fue algo excepcional en la historia, convergiendo allí, además de la suerte, todos los procesos de cambio que se dieron en los años ochenta (incluyendo el papel que jugaron líderes muy especiales a uno y otro lado del Telón de Acero).

Frente al dolor de las guerras de hoy, recuerdas la euforia que se vivió en Europa aquellos días y los meses posteriores. Miles de berlineses del Este pasaban los puntos fronterizos, siendo recibidos con alegría por los berlineses occidentales. La caída del Muro de Berlín fue un símbolo de esperanza que marcó un verdadero punto de inflexión en la historia del continente. A partir de ahí se produciría con suma rapidez la reunificación alemana y se acelerarían los procesos de cambio y apertura en los países del Este de Europa (aunque estos no iban a resultar ciertamente nada fáciles). Helmut Kohl se convirtió en el primer canciller de una Alemania unida el 3 de octubre de 1990, defendiendo la reunificación de su país bajo el techo de la arquitectura europea (y por esa vía Alemania del Este entró automáticamente en la UE). Por eso, entre otras cosas, el canciller alemán había aceptado el plan para avanzar hacia una unión monetaria europea (que se acordó en junio de 1989), una vez que la realización del mercado único europeo iba ya en marcha y bastante bien.

II

SENTIRSE PARTE DE EUROPA

AÑO NUEVO

(1 de enero de 2024)

Comienza ahora el nuevo año 2024 con tantos interrogantes abiertos sobre la evolución de la democracia, los derechos humanos y el orden internacional. En eso tu mente se remonta 34 años atrás. Piensas que tras la caída del Muro de Berlín se vivió en el mundo durante unos años un clima de gran esperanza, creyendo muchos posible que el período de tensa confrontación entre el Este y el Oeste diera paso a un nuevo orden internacional construido sobre la base de la cooperación y la interdependencia. Es cierto que luego se fue atenuando dicha esperanza, pero hubo, con todo, cambios de gran entidad especialmente en Europa.

Timothy Garton Ash señala en su libro que en aquellos emocionantes meses posteriores a la caída del Muro los principales líderes políticos del mundo sentían en sus hombros "la mano de la historia". No era para menos. Gorbachov había apostado por un acercamiento progresivo de la URSS (y Rusia en su centro) hacia Occidente, suscribiendo en 1990 varios tratados de reducción armamentista y cooperación con los dirigentes de Estados Unidos y Europa. Ahora bien, la URSS se desintegró a finales de 1991, acusando el impacto de la independencia de tres Estados bálticos (Estonia, Letonia y Lituania). Acto seguido, Rusia, gobernada por Boris Yelsin, resolvió crear una Comunidad de Estados Independientes con las otras antiguas repúblicas de la URSS (Ucrania entre ellas). Lo que sucedió a continuación, durante los años noventa y primera década de 2000, fue una ampliación progresiva de la

UE y la OTAN hacia el Este, con una respuesta de Rusia primero consentida, pero después vista con creciente hostilidad por parte del Presidente Putin.

AMBIENTE EFERVESCENTE

(2 de enero de 2024)

En el ámbito estrictamente comunitario, recuerdas 1990 como un año de gran efervescencia social en el que se avanzaba en la aplicación de las medidas conducentes a la realización de un mercado único europeo. Y también se hablaba ya entonces de las fases a través de las cuales podía hacerse realidad una unión monetaria y económica (como complemento necesario del mercado único). En España circulaban valiosos estudios que informaban a todo este respecto, algunos elaborados (o encargados) por la propia Comisión Europea, otros por entidades académicas o institucionales de notable prestigio (a escala nacional o regional). Numerosos profesores de la Facultad de Económicas de la Universidad de Valencia participaron en aquel intenso debate público, tú entre ellos.

A lo largo de dicho año tuvisteis entre vosotros, en la Facultad de Económicas, al profesor Robert Hine, de la Universidad de Nottingham, gracias a la invitación que le hizo Cecilio Tamarit como director del Centro de Documentación Europea de Valencia. Guardas en la memoria las espléndidas sesiones de trabajo impartidas por el profesor Hine sobre la política comercial europea y sobre los cambios en la especialización industrial que tenderían a producirse con la realización del mercado único europeo. Y tampoco olvidas las comidas y los ratos de asueto que pasasteis con él algunos colegas (Víctor Fuentes entre ellos) hablando sobre vuestros países y diferentes aspectos de la cultura europea. No sólo era un docente magnífico, sino también una persona muy formada, comprensiva y próxima.

MODELO SOCIAL EUROPEO

(3 de enero de 2024)

Situados a comienzos de los años noventa, reparas en que el proyecto de integración europea ha tenido siempre sus críticos. Por un lado, los euroescépticos se han resistido permanentemente a ceder cualquier parte de la soberanía nacional (transfiriendo competencias) a una entidad europea de ámbito superior (de carácter supranacional). Por otro lado, un cierto sector (radical) de la izquierda ha considerado a la UE como una mera manifestación de las fuerzas del mercado que podía frenar o disminuir los derechos laborales y sociales.

¿Cómo evitar que la UE se transforme en una "Europa de los mercaderes" movida por intereses exclusivamente económicos (en beneficio de los más ricos y poderosos)? Los artífices de la construcción europea trataron de evitar ese riesgo desde el principio, y fueron muy cuidadosos para no frustrar la verdadera meta de la integración europea que ha sido (y sigue siendo) lograr una "Europa de los ciudadanos".

Piensas en todo esto mientras revisas el contenido de los Tratados de la Unión Europea y rememoras los numerosos debates (analíticos y doctrinales) que se han planteado en cada etapa de su historia. A tu juicio, la Unión Europea siempre ha aspirado a perseguir una dimensión social y política (más allá de la integración estrictamente económica). Si en cada país europeo existía una postura general favorable a lograr un sistema (mixto) de economía social de mercado, ello impregnó igualmente el proyecto de construcción europea que ha querido preservar hasta donde ha sido posible un "modelo social europeo".

Así, en el Tratado de Roma de 1957 se creó el Fondo Social Europeo y se sentaron las bases para establecer la libre circulación de trabajadores, con la portabilidad de los derechos de pensiones, la igualdad de trato a hombres y mujeres en materia laboral y la fijación de condiciones de salud, higiene y seguridad en los lugares de trabajo. Y el Acta Única de 1986 añadió como medidas sociales la mejora del entorno de trabajo y el diálogo social, y consagró asimismo el objetivo comunitario de la cohesión económica, social y territorial (instrumentando al respecto los fondos estructurales). Además, en 1987 se lanzó el Programa Erasmus, y en 1989 se aprobó la Carta Comunitaria de los Derechos Sociales Fundamentales de los Trabajadores (más conocida como la Carta Social Europea).

RELACIÓN CON NOTTINGHAM

(4 de enero de 2024)

Sin duda, a comienzos de los años noventa el proyecto de integración europea avanzaba a toda máquina, tanto en lo concerniente a la realización del mercado único (complementado con una potente política de cohesión social y territorial) como en lo relativo a preparar las condiciones para establecer una unión monetaria (que aportara una mayor estabilidad macroeconómica al mercado único). En ese contexto, recuerdas que en 1991 una gran parte de tu actividad docente en la Universidad se hallaba dedicada ya a la disciplina de la economía europea. En cuanto a tu actividad investigadora, aquel año publicaste algunos trabajos sobre la agricultura de los países del norte de África, y ello te llevó a iniciar una fértil relación con los compañeros de Economía Agraria de la Universidad Politécnica de Valencia (conociendo entonces a tu buen amigo José Mª García Álvarez-Coque).

De cualquier manera, el reto académico más importante para ti en 1991 se centró en la participación en un proyecto de investigación compartido entre dos profesores de la Universidad de Valencia (Cecilio Tamarit y tú mismo) y otros dos profesores de la Universidad de Nottingham (Robert Hine y David Greenaway). Se trató de una acción integrada, becada por el Ministerio de Educación español y el British Council, con objeto de investigar durante un año la evolución del comercio intraindustrial de España con otros países europeos tras su entrada en la Comunidad Europea. Con ese fin, los profesores británicos vinieron a Valencia en primavera para preparar un borrador del proyecto, y vosotros visitasteis Notthingham en el otoño para redactar el texto final. Fue realmente una experiencia muy enriquecedora, tanto en el orden académico como en el orden humano y cultural.

VISITANTE ERASMUS EN MAGUNCIA

(5 de enero de 2024)

El programa Erasmus fue lanzado por la Comisión Europea, de la mano del Comisario español Manuel Marín, con el fin de promover la movilidad universitaria (tanto de estudiantes como de profesores) dentro de la Unión Europea (aunque luego ha tenido una aplicación más amplia y diversas denominaciones complementarias). Resultó aprobado en 1987 y desde entonces ha tenido un éxito impresionante, siendo un instrumento muy eficaz para construir una Europa de las personas y la ciudadanía.

Recuerdas que en la Facultad de Económicas de Valencia se constituyó una Comisión Erasmus a finales de 1991, siendo decano Enrique Bigné, y tú fuiste propuesto para incorporarte de inmediato a la misma. Eso te llevó a participar en el programa de intercambios con la Universidad alemana de Maguncia (Mainz). En ese contexto, el profesor Werner Lachmann te invitó a impartir un seminario en dicha universidad en mayo de 1992. Hablaste allí sobre la relación existente entre el comercio y el desarrollo económico en el caso de España, escribiendo un breve texto en inglés que publicaste después en el Centro de Documentación Europea de Valencia. Guardas en tu memoria lo bella que te pareció Maguncia en primavera (la ciudad estaba hermanada con Valencia y descubriste una preciosa escultura de Andreu Alfaro en una de las calles cercanas al río Rin). Con posterioridad, el profesor Lachmann visitaría también vuestra Facultad e impartiría un seminario para vuestros estudiantes.

TRATADO DE MAASTRICHT

(6 de enero de 2024)

En el día de Reyes (festividad cristiana de la Epifanía) te das el regalo de recordar el salto cualitativo tan importante que representó para la integración europea la firma del Tratado de Maastricht el 7 de febrero de 1992 (superando al Acta Única Europea). A través del mismo se constituyó precisamente la Unión Europea y se acordó acompañar la realización del mercado único con el establecimiento de una auténtica unión monetaria. Se reformaron las instituciones y se dio un mayor contenido al concepto de ciudadanía europea. Además, se estrechó la cooperación entre los Estados miembros en los ámbitos de política exterior y de seguridad común (para actuar con una sola voz en los asuntos internacionales) y de política interior y de justicia (para afrontar mejor los problemas de seguridad en un espacio europeo sin fronteras internas).

Lo curioso es que el proceso de ratificación de este Tratado encontró en numerosos países más dificultades de las esperadas. Ello puso de manifiesto que el avance en la integración europea ya no podía imponerse tan fácilmente desde arriba (a modo de un "despotismo benigno", en palabras de Delors), sino que debía apoyarse ahora más en la voluntad y el convencimiento de los ciudadanos de los distintos países de la Unión. Recuerdas que cuando explicabas el Tratado de Maastricht en los foros cívicos tratabas de subrayar que éste fortalecía la política de cohesión territorial de la UE (a través de los fondos estructurales) e incluía también un protocolo sobre política social que ampliaba las competencias comunitarias en la materia. Al fin, dicho Tratado pudo entrar en vigor el 1 de noviembre de 1993.

APÓSTOL EUROPEO

(7 de enero de 2024)

Te ves a ti mismo, en aquellos primeros años noventa, como una especie de apóstol europeo (aunque en realidad había otros muchos como tú). Te redoblabas en las charlas académicas (en la Facultad y otros foros ciudadanos), acudías a numerosos encuentros (dentro y fuera de la geografía española) y escribías artículos y ponencias (sobre el proceso de integración europea y las relaciones de Europa con el Mediterráneo). En particular recuerdas un curso cuya dirección se te encargó en la Universitat d'Estiu de Gandía, en septiembre de 1992, sobre las relaciones Norte-Sur en el Mediterráneo. En él participaron, entre otros invitados, Alejandro Lorca (que aportó contigo la perspectiva económica) y Gema Martín Muñoz (que aportó la perspectiva cultural, sociológica y política). No pudiste contar, sin embargo, con George Yannopoulos, que falleció tristemente por aquellas fechas como consecuencia de una neumonía.

Luego te viene también a la memoria una doble actividad que realizaste en abril de 1993. Primero en la Universidad Internacional Menéndez y Pelayo de Valencia, donde expusiste el tema "Comercio y política comercial de la UE" (que después se publicó como artículo en la revista *Información Comercial Española*). Segundo en el Congreso de Economía Valenciana celebrado en Castellón (organizado por la Generalitat Valenciana), donde presentaste la ponencia "Regionalismo versus multilateralismo: repercusiones económicas".

Se iba consolidando así una cierta notoriedad en tu trabajo referido a diferentes aspectos de la integración económica europea y sus relaciones exteriores. Quizás por ello pasaste a recibir más propuestas de colaboración a este respecto, y te viste a ti mismo igualmente capaz de proponer ciertos proyectos (no exentos de ambición) a otros colegas. Por ejemplo, la realización de un manual de Economía de la Unión Europea a la editorial Cívitas.

MANUAL DE ECONOMÍA DE LA UE

(8 de enero de 2024)

Otoño de 1993. Está a punto de entrar en vigor el Tratado de Maastricht que constituye una profundización importante en el proceso de integración europea. Mientras tanto, los países del Centro y Este de Europa acometen una transición sistémica (desligados ya del control de la Federación de Rusia y su Comunidad de Estados Independientes) y se sienten atraídos por el proyecto de la Unión Europea. En sentido contrario, en el sureste de Europa queda la antigua Yugoslavia que ahora se desintegra (sufriendo una guerra cruel y fratricida causada por el nacionalismo más atroz).

En ese contexto acudes a una reunión con José Luis García Delgado, profesor de la Universidad Complutense de Madrid y director de la colección de Economía de la Editorial Cívitas. Le llevas la propuesta de realizar un manual de Economía de la UE que, a sugerencia de Cecilio Tamarit, estaría a cargo de un reducido número de autores. Al profesor García Delgado le gusta la idea del manual que propones, pero desea que el equipo de colaboradores se amplíe notablemente dando participación a profesores de distintas universidades españolas y algunos técnicos de la Comisión Europea. Acuerdas con él la realización del manual en esos términos y el compromiso de publicarlo en septiembre de 1994.

De vuelta a la Facultad, emprendes de inmediato la tarea de contactar y dialogar con quienes serán (junto a ti) los colaboradores definitivos de la primera edición del manual: María Amparo Camarero (de la Universidad Jaume I de Castellón); Vicente Esteve, Rafael Lostado, Ernest Reig, Amparo Roca y Cecilio Tamarit (de la Universidad de Valencia); José Aixalá,

Ramón Barberán y Pilar Egea (de la Universidad de Zaragoza); Francisco Bataller, Francisco Caballero y Manuel Sanchis i Marco (de la Comisión Europea). En conjunto, un buen equipo de compañeros que llevará a cabo un serio trabajo de elaboración de los diferentes capítulos a lo largo del curso 1993-1994.

REUNIÓN EN LINZ

(9 de enero de 2024)

En octubre de 1993 asististe a una reunión en Linz de responsables del Programa Erasmus de una red de determinadas Facultades de Economía europeas. Era la primera vez que visitabas Austria y, más allá de la belleza del paisaje y la riqueza de su patrimonio histórico y artístico, te interesó la visión especial que tenía ese país (que todavía no era miembro de la Unión) del proceso de construcción europea. Era una mirada muy sensible a la realidad de los países del Este con los que compartía una larga frontera en común. De norte a sur, estos eran cuatro: la República Checa y Eslovaquia (que se acababan de separar de mutuo acuerdo), Hungría y Eslovenia (el primer Estado independizado en 1991 de la antigua Yugoslavia tras un breve conflicto armado).

Recuerdas el viaje en tren de Viena a Linz siguiendo en paralelo el curso del río Danubio. Pero más aún recuerdas la excursión que os organizaron para visitar desde allí durante un día el sur de la República Checa (especialmente la ciudad de Ceský Krumlov). De pronto tus ojos se abrieron al proceso de transición (hacia la democracia y la economía de mercado) que estaba recorriendo ese país, al igual que todos los otros que se hallaban anteriormente al otro lado del Telón de Acero. Las fuerzas soviéticas habían permanecido en la antigua Checoslovaquia hasta 1989 en que colapsó el régimen comunista y se inició su transición sistémica (conocida como Revolución de Terciopelo) de la mano del mítico presidente Vaclav Havel (quien favoreció asimismo la división del país en dos en enero de 1993).

El proceso de transición de los países del Este no iba a ser nada fácil, ciertamente, pero era un camino a mejor que contó con el apoyo decidido de la Unión Europea.

PASOS HACIA LA UNIÓN MONETARIA

(10 de enero de 2024)

En 1994 se inició la segunda fase de los preparativos para alcanzar una unión monetaria europea. Se creó el Instituto Monetario Europeo (predecesor del Banco Central Europeo) para reforzar la coordinación de las políticas monetarias entre los bancos centrales nacionales (los cuales debían ser independientes de los gobiernos) y planificar la transición hacia una moneda única europea.

El proyecto era ciertamente complejo. No iba a resultar fácil lograr una unión monetaria sin una mayor unión fiscal y política, pero había confianza y optimismo en el desarrollo del proyecto. Se fijaron unas condiciones restrictivas de acceso a la unión monetaria en términos de unas variables de convergencia económica. En consecuencia, la política económica de cada país priorizó en aquellos momentos la consecución de dichas metas. España hizo un gran esfuerzo por lograrlo, primero con un gobierno socialista y después con un gobierno del PP.

Una buena parte de la sociedad, y especialmente los profesores de economía, vivía aquel ambiente con sumo interés y expectación. Mientras tanto, avanzaba la elaboración del manual de Economía de la UE que te habías comprometido a entregar en el verano de 1994. No hubo demasiados retrasos al respecto, y la publicación de la primera edición pudo estar lista en septiembre (justo al inicio del curso académico), teniendo una buena acogida en numerosas universidades españolas.

BUENAS Y MALAS POLÍTICAS

(11 de enero de 2024)

En su libro sobre Europa, Timothy Garton Ash habla de buenas y malas políticas aplicadas en el continente en las pasadas décadas. Fue especialmente nefasta (y sumamente dramática) la que se llevó a cabo en la antigua Yugoslavia en los años noventa utilizándose la propaganda, las instigaciones y los embustes para conducir al colectivo social por el camino del odio y la violencia. El principal artífice de la misma, que desgarró la frágil unidad del país, fue el presidente serbio Slobodan Milosevic, pero tuvo como cómplices directos a los líderes nacionalistas de las otras partes. El caso es que a la guerra de secesión de Eslovenia (1991) siguió después la de Croacia (1991-1995) y la de Bosnia (1992-1995), y más tarde la de Kosovo, viviendo toda la zona un verdadero infierno mientras el resto de Europa avanzaba pacíficamente en la construcción de unas nuevas realidades sociales.

Te paras y piensas con tristeza en el clima de desgarro y genocidio de los Balcanes, mientras el día a día era tan diferente tanto en Europa Occidental como en Europa del Este. Por aquel tiempo, ante el fin de un mundo bipolar, otros países occidentales habían solicitado ya su adhesión a la Unión Europea: Austria, Suecia, Finlandia y Noruega. Las negociaciones al respecto se cerraron en 1994, celebrándose en dicho año referéndums sobre la adhesión en cada uno de ellos. Los ciudadanos se pronunciaron a favor en Austria, Finlandia y Suecia, que se incorporaron a la UE el 1 de enero de 1995 (dando lugar a la cuarta ampliación que elevó a 15 el número de Estados miembros). Por su parte, el 52% de los noruegos votaron en contra. ¿Qué pasaba mientras tanto en Europa del Este?

LA TRANSICIÓN DE LOS PAÍSES DEL ESTE

(12 de enero de 2024)

Tras la caída del Muro de Berlín, los países de Europa del Este abandonaron gradualmente un sistema económico de planificación central (vigente durante más de 40 años) e iniciaron su transición hacia una economía de mercado y un sistema político democrático. Cada uno lo hizo a su modo, afrontando tremendas dificultades en las reformas políticas y económicas. Todos contaron con el apoyo tanto de la UE (en el ámbito comercial y financiero) como de otras instituciones internacionales (Banco Mundial y FMI). La estructura del capitalismo estaba cambiando ya en los primeros años noventa. La producción de mercancías dejaba un espacio creciente a los servicios, con particular relevancia del sector financiero. Por otro lado, el fin de la Guerra Fría dio un empujón muy considerable al avance de la globalización económica.

Te resultan de notable interés algunos comentarios que ofrece Timothy Garton Ash a propósito de las mejores o peores políticas que se llevaron a cabo en el proceso de transición sistémica emprendido por los países del Este de Europa; esto es, sobre los distintos modos de ejecución de las operaciones de privatización de las empresas públicas y las reformas institucionales. Tras la caída del comunismo, los miembros de la antigua clase dirigente aprovecharon con frecuencia las oportunidades de la privatización y se enriquecieron notablemente. Las mejores prácticas se observaron en Alemania del Este (ya unida a la del Oeste), así como en Hungría, Polonia y la República Checa. Mientras que las peores prácticas tuvieron lugar en la Federación de Rusia y algunas de las repúblicas asociadas (como Ucrania). Aquí la apropiación de lo que antes había pertenecido al Estado generó enormes fortunas y una auténtica oligarquía de poder (económico y político) dada la debilidad de los sistemas jurídicos y administrativos.

Ciñéndonos a los países de Europa del Este (que se trataban de aproximar con gran interés hacia la Unión Europea a principio de los años 90), la evolución que estos siguieron fue la siguiente: su transición sistémica se inició con un desplome generalizado en los niveles de producción y empleo (sobre todo en el sector industrial), pero experimentaron después una recuperación económica más o menos rápida en función del grado de decisión y credibilidad con que acometieron las reformas institucionales (consiguiendo atraer en consecuencia un mayor o menor volumen de inversión extranjera).

Así las cosas, en junio de 1993 el Consejo Europeo abrió la posibilidad de una ampliación de la Unión hacia el Este, definiendo los criterios que dichos países habrían de cumplir para poder convertirse en su día en Estados miembros. A partir de ese momento, las prioridades políticas de tales países se centraron en el cumplimiento de esas metas, solicitando todos ellos su adhesión a la UE entre 1994 y 1996.

REUNIONES EN NÚREMBERG Y LONDRES

(13 de enero de 2024)

Durante el curso 1994-1995 intensificaste tu labor docente dedicada a la economía de la Unión Europea (con el apoyo del nuevo manual), pero seguiste trabajando también en otras cosas (en particular, en el estudio de las relaciones de Europa con el Mediterráneo). Además, participaste en un par de reuniones del Programa Erasmus que te llevaron fuera de España a interactuar con colegas de otras universidades europeas.

La primera de esas reuniones tuvo lugar en Nuremberg en mayo de 1995. Has encontrado la guía de viaje que utilizaste entonces en una de tus estanterías y, escondidas entre sus páginas, han aparecido un par de fotos de los asistentes a aquella reunión (¡qué joven te ves en ellas!). De pronto te viene a la memoria la grata impresión que te causó dicha ciudad que fue completamente reconstruida tras la Segunda Guerra Mundial, y la emoción que sentiste al asistir a un concierto conmemorativo del 50° aniversario del final de la contienda en la Iglesia de San Lorenz.

La segunda de aquellas reuniones tuvo lugar en Londres, a principios de julio de 1995. Acompañaste al decano de la Facultad de Economía de Valencia, Vicente Llombart, y al responsable de relaciones exteriores, Ángel Ortí. Vuestro objetivo era consolidar y expandir los vínculos con otros centros universitarios británicos, algo que solo lograsteis en parte. Fue una magnífica ocasión para visitar de nuevo la capital inglesa y bucear en sus interesantes librerías, cosa que tanto os gustaba a los tres compañeros de aquel viaje (los otros dos, por desgracia, fallecidos ya).

DIMENSIÓN EXTERIOR DE LA UE

(14 de enero de 2024)

Estos días has retomado el contacto con Francisco Bataller, técnico superior (ya jubilado) de la Comisión Europea, a quien hacía bastante tiempo que no veías. No recuerdas exactamente cuándo os conocisteis, pero tienes muy presente que contaste con él tan pronto se te encargó la coordinación del manual de Economía de la UE en 1993. Un economista valenciano formado en Deusto que amplió posteriormente sus estudios en Estados Unidos (Universidad de Ohio) donde se doctoró y ejerció labores de enseñante, hasta que decidió volver a España y preparar la oposición que le llevó a trabajar en Bruselas. Él te brindó numerosas sugerencias para la realización del manual, donde escribisteis juntos el capítulo dedicado a la dimensión exterior de la Unión Europea. Ese capítulo constaba de dos partes, una referida a la política comercial comunitaria y la otra centrada en la cooperación europea al desarrollo, plateando en ambos casos la posición de la Unión ante las distintas regiones del mundo.

Con Francisco Bataller tuviste desde el principio una especial sintonía tanto en el terreno profesional como personal, convirtiéndoos en dos buenos amigos. Así que no es extraño que trabajarais a dúo en numerosas ocasiones. Por ejemplo, cuando la revista *Información Comercial Española* os encargó la elaboración de un artículo sobre el área mediterránea que titulasteis "El Mediterráneo sur y oriental y la Unión Europea: las relaciones comerciales y su entorno estratégico" (publicado en un número monográfico correspondiente a agosto-septiembre de 1995). A partir de ahí escribiríais más artículos juntos, tanto para esa misma revista como para otras.

LA ASOCIACIÓN EUROMEDITERRÁNEA

(15 de enero de 2023)

En el segundo semestre de 1995 España ostentaba la presidencia de turno del Consejo de la UE y, aparte de seguir impulsando los preparativos para la unión monetaria, su proyecto más singular en aquella etapa fue sin duda el lanzamiento de la Asociación Euromediterránera. Con ese fin, los días 27 y 28 de noviembre de 1995 se celebró en Barcelona una Conferencia entre los quince países miembros de la UE y once países de la ribera sur del Mediterráneo. La Unión ofreció a estos países avanzar en una dinámica de asociación comercial y cooperación financiera para convertir el Mediterráneo en una zona de paz, estabilidad y prosperidad compartida. Un proyecto que no se reducía exclusivamente al ámbito económico, sino que incluía también aspectos políticos, sociales y culturales.

Piensas en aquella importante estrategia que emprendió entonces la UE y desearías hacer enseguida un breve balance de la misma, pero pospones por el momento ese deseo porque lo que te viene sobre todo a la mente es el gran atractivo que aquel proyecto representó para ti desde que se puso en marcha.

En efecto, apenas concluida la Conferencia Euromediterránea de Barcelona, en esa misma ciudad se celebró un Fórum Civil organizado por la Generalitat de Cataluña (a través de un ente que se convertiría después en el Instituto Europeo del Mediterráneo). Dicho Foro reunió a cerca de un millar de representantes de diferentes sectores de la sociedad (incluida la Universidad) de los países de la UE y del sur del Mediterráneo. Tú fuiste uno de los participantes en el mismo, invitado por el profesor Jordi Bacaria (de la Universidad Autónoma de Barcelona) con quien iniciaste ahí una muy buena relación profesional y personal. En el Fórum participaron también otros colegas conocidos, como el profesor José Mª García Álvarez-Coque (de la Universidad Politécnica de Valencia), y otros que conociste por primera vez, como el profesor Alfred Tovias (de la Universidad Hebrea de Jerusalén).

EL NOMBRE DE LA MONEDA ÚNICA

(16 de enero de 2023)

El 16 de diciembre de 1995, casi como conclusión del semestre de presidencia española de la UE, se celebró en Madrid un Consejo Europeo que adoptó una serie de acuerdos muy significativos. Uno de ellos fue asignar la denominación de Euro a la moneda única que se estaba tratando de crear, y otro fue fijar la fecha del 1 de enero de 1999 para la entrada en funcionamiento de la unión monetaria (con aquellos países que pudieran cumplir las condiciones de convergencia económica establecidas al respecto). En el conjunto de la Unión Europea había una confianza generalizada en los beneficios potenciales de ese proyecto, y casi todos los países estaban acelerando el calendario de medidas para lograr su participación en él. Ahora bien, dos países habían optado por excluirse desde el inicio del mismo (el Reino Unido y Dinamarca) y otro mostraba sus cautelas y reticencias al respecto (Suecia).

Precisamente, por aquellas fechas recuerdas tu asistencia a unas Jornadas de Política Económica que tuvieron lugar en la Universidad de Alcalá de Henares bajo la dirección del profesor Juan Ramón Cuadrado. Su tema central era vislumbrar el horizonte de la Unión Monetaria Europea y la posición de España en este contexto. Prestigiosos especialistas abordaron los pros y los contras del proyecto en cuestión, como Paul de Grauwe, Félix Varela Parache y Guillermo de la Dehesa. El propio ministro de Economía y Hacienda, Pedro Solbes, intervino para explicar con rigor por qué España quería, podía y debía estar en la Unión Monetaria Europea.

Tu seguiste con gran atención los debates a todo este respecto, y en otra área menos central de aquellas Jornadas, cuando llegó tu turno, presentaste una ponencia sobre la Política Mediterránea de la UE. Luego se publicaron los principales papeles de dicho encuentro (el tuyo seleccionado entre ellos) en un libro coordinado por Juan Ramón Cuadrado y Tomás Mancha, editado por Cívitas.

ESTANCIA EN BRUSELAS

(17 de enero de 2024)

Tras la entrada en vigor del Tratado de Maastricht (en noviembre de 1993), la Unión Europea había experimentado una nueva ampliación (la cuarta, con la incorporación de Austria, Finlandia y Suecia en 1995) y estaba recibiendo otras solicitudes de adhesión por parte de los países del Este de Europa. En ese contexto, en marzo de 1996 la Unión decidió poner en marcha una Conferencia intergubernamental con el fin de revisar el Tratado de Maastricht para fortalecer aún más las instituciones comunitarias y el espacio social europeo. Esto llevaría a aprobar después (en octubre de 1997) el Tratado de Amsterdam. Pero no quieres correr tanto. Ahora deseas detenerte todavía en 1996, un año que fue especialmente intenso para ti por los viajes que realizaste (de ellos dejaste constancia en tu libro *Quadern de viatges*, editado por Tàndem), comenzando con una estancia en Bruselas, precisamente durante el mes de marzo de aquel año.

En efecto, en marzo de 1996 llevaste a cabo una muy provechosa estancia como investigador visitante en el Instituto de Estudios Europeos de la Universidad Libre de Bruselas. A lo largo de cuatro semanas trataste de actualizar tus conocimientos teóricos y prácticos sobre el proceso de integración europea. Te movías con libertad entre los servicios que te ofrecía la universidad y los que te facilitaban las distintas instituciones comunitarias (Consejo, Comisión y Parlamento Europeo). Trabajaste distintos informes técnicos y asististe a diferentes encuentros académicos e institucionales. En el ámbito teórico tus mejores contactos fueron los profesores André Sapir (de la Universidad Libre de Bruselas) y Alexis Jacquemin (de la Universidad de Lovaina), ambos de notable reconocimiento internacional. Por otra parte, en el ámbito práctico contaste con la generosa guía de Francisco Bataller, Manuel Sanchis y Francisco Caballero, los tres técnicos de alto nivel de la Comisión Europea y colaboradores en el manual de Economía de la UE. De hecho, aquella estancia fue tremendamente útil para acometer con solvencia la segunda edición de dicho manual el curso siguiente.

REUNIÓN EN VERONA

(18 de enero de 2024)

Mediados de abril de 1996. Viajas a Verona para participar en una reunión de las Facultades de Economía que forman parte de una red del Programa Erasmus de la Unión Europea. Allí se hallan representadas las Universidades de Verona, Valencia, Núremberg, Lund, Dijon y Salónica. El objetivo del encuentro es compartir experiencias y establecer acuerdos relativos al intercambio de estudiantes y profesores entre vuestros centros educativos. Curiosamente, vuestra reunión coincide con la celebración de dos eventos especiales en aquella ciudad: una feria comercial y un Consejo de Ministros de Economía de la UE. La prensa informa particularmente sobre este último, focalizado en los requerimientos y exigencias para seguir avanzando hacia la implantación de una moneda única europea.

No olvidas las visitas que hicisteis a los monumentos de la bella ciudad del Véneto, así como la excursión al extraordinario lago de Garda. Y recuerdas muy bien algunas de vuestras tertulias en la sobremesa de las comidas o los cafés. El profesor anfitrión, Giovani Tondini, se encargaba de animar y hacer interesantes todos vuestros encuentros, ya fueran formales o informales. Y así sacó a colación un día el drama de la guerra de la antigua Yugoslavia que se hallaba tan cerca de allí. Habló de la crueldad y las atrocidades de aquel conflicto, pero también de las esperanzas para poder reconstruir muy pronto la paz bajo la intervención de las fuerzas de la ONU, la OTAN y la propia acción de la UE. Entonces tu mencionaste el libro *Viaje por la paz: de Valencia a Croacia*, de la asociación Mujeres de Negro de Valencia, que narraba su reciente experiencia dando apoyo a mujeres refugiadas en un centro de víctimas de la guerra en Zagreb. Ellas, al igual que el profesor Tondini, pensaban en positivo respecto a la posibilidad de reconstruir la paz y la convivencia en la región, a pesar de ser tantas las perversidades que se habían vivido allí.

VIAJE A COSTA RICA

(19 de enero de 2024)

Finales de junio de 1996. Viajas por primera vez a Centroamérica, a la ciudad de San José. El profesor José Vidal Beneyto, del Colegio de Altos Estudios Europeos de París, te ha invitado a participar en un seminario-taller organizado por el Consejo Superior Universitario Centroamericano (CSUCA) en colaboración con la UNESCO y la Unión Europea. El título del seminario resulta un tanto pomposo: “Multiculturalismo y macrointegración regional: el caso de América Central”. Tu misión en él es hablar de la experiencia de integración europea como posible referente para una deseable estrategia de integración centroamericana. Los participantes son principalmente profesores universitarios de los distintos países de la región (Guatemala, El Salvador, Honduras, Nicaragua, Costa Rica y Panamá). Actúa como director del encuentro Ricardo Sol (secretario general del CSUCA) con el apoyo de Hugo Martínez (en labores de coordinador).

Centroamérica vivía en conjunto en aquellos momentos una triste paradoja: atrás habían quedado unas sangrientas guerras civiles que la devastaron durante los años ochenta, pero ahora (en los noventa) la delincuencia y el crimen organizado amenazaban con reventar los laboriosos procesos de reconstrucción económica, social y política emprendidos en la región. Los altos niveles de pobreza y exclusión social constituían retos que, si no se acometían con solvencia, podían echar a pique los buenos deseos de progreso y modernización de cada país. El CSUCA apostaba además por la integración regional de la mano de un ente incipiente denominado Sistema de la Integración Centroamericana (SICA). Este tenía al frente a un entusiasta responsable de la integración, Roberto Herrera, asesorado por José Miguel Alfaro. Y las intervenciones se fueron sucediendo en aquel apasionante seminario-taller en el que los profesores de la región expusieron las ventajas y dificultades de una integración centroamericana, mientras tú te referías al caso europeo comentando la necesaria voluntad política para compartir espacios de soberanía nacional en común junto al establecimiento de mecanismos que atendieran a la distribución de los beneficios y costos del proceso. Todo lo cual se incluyó después en el libro *Análisis comparativo de la experiencia de integración europea y centroamericana*, publicado por el CSUCA en 1997.

MULTILATERALISMO

(20 de enero de 2024)

Estos días de enero, como es habitual año tras otro, se celebra el conocido Foro de Davos que reúne a las principales élites económicas y políticas del mundo. Sus discursos nutren cada mañana los primeros titulares de los distintos medios de comunicación. Esta vez te han impactado especialmente las palabras pronunciadas por el secretario general de la ONU, Antonio Guterres, que constituyen una verdadera señal de alerta: "La gente en todas partes está perdiendo la fe en los gobiernos, las instituciones y los sistemas económicos y políticos". A su juicio ello deriva de una incapacidad o falta de voluntad por afrontar y resolver retos tan relevantes como el cambio climático, la pobreza, la desigualdad y las injusticias, lo que tiende a alimentar el resentimiento y la ira de numerosos sectores de la población.

El discurso de Guterres piensas que ofrece un buen diagnóstico de la amplia desafección que existe respecto a la política en esta época tan turbulenta que estamos viviendo, cuando la democracia se ve expuesta a tantas amenazas de deterioro, y el fracaso en lograr acuerdos (a escala nacional e internacional) acrecienta la desconfianza ciudadana, dando alas a líderes populistas con propuestas extremas de carácter sumamente superficial. El secretario general de la ONU eleva su voz para pedir "una convergencia hacia soluciones globales para desafíos globales", y aboga por el multilateralismo como "única manera de gestionar la complejidad del mundo actual". Un multilateralismo que se fundamenta en reglas compartidas, mientras se asiste en el presente a una sistemática violación de dichas reglas (normas y principios). En ese sentido, Guterres reclama un respeto por la integridad territorial con referencia a la invasión rusa de Ucrania, e invoca la solución de dos Estados en el conflicto palestino-israelí. A la postre, la suya es una posición que te parece de gran sensatez, en coincidencia también con la que sostiene la propia Unión Europea.

SEMINARIO EN PORTSMOUTH

(21 de enero de 2024)

La mención del conflicto palestino-israelí te ha llevado a recordar el último viaje internacional que realizaste el año 1996 para asistir a un seminario celebrado en la Universidad de Portsmouth, invitado por el profesor Richard Gillespie. El objeto del seminario era debatir acerca de la política mediterránea de la UE y la reciente iniciativa de Asociación Euromediterránea. Se te encargó la presentación de una ponencia en torno a las relaciones económicas entre España y Marruecos. Esta mereció afortunadamente los elogios de buena parte de los asistentes al encuentro, incluyendo al profesor marroquí Mustafa Benyaldef (de Instituto Nacional de Estadística y la Comisión de Derechos Humanos de su país), y fue recogida después en un número monográfico de la revista *Mediterranean Politics* con los distintos trabajos que se presentaron allí.

Los otros ponentes del seminario (procedentes de Reino Unido, Francia. Italia, Israel, Egipto, Túnez y Marruecos) incidieron en diversos aspectos (económicos, sociales, políticos y culturales) de las relaciones entre el Norte y el Sur del Mediterráneo. Los debates tuvieron, en general, un carácter bastante sosegado. Pero hubo una notable excepción: el cara a cara apasionado que mantuvieron Alfred Tovias (de la Universidad Hebrea de Jerusalén) y Mohamed El-Sayed Selim (de la Universidad de El Cairo) a propósito del conflicto en Oriente Próximo. Un conflicto enconado cuya resolución parecía haberse encarrilado primero, de forma adecuada, con los Acuerdos de Oslo de 1993 que establecieron un autogobierno palestino en los territorios de Gaza y Cisjordania. Sin embargo, el proceso de paz se interrumpió bruscamente después con el asesinato del primer ministro Isaac Rabin en noviembre de 1995 (por un extremista judío) y los ataques de Hezbolá en el sur de Líbano, todo lo cual culminó con la elección en 1996 de un nuevo primer ministro israelí, Benjamín Netayahu, opuesto al plan anterior de intercambio de paz por territorios. Y ese era el ambiente que presidía aquella agria discusión en Portsmouth entre los profesores Tovias y El-Sayed Selim, que para ti reflejaba la triste pérdida de una oportunidad histórica para la paz en Oriente Próximo.

TRATADO DE ÁMSTERDAM

(22 de enero de 2024)

A comienzos de 1997 se publicó la segunda edición del manual de Economía de la UE (convenientemente revisada y actualizada), añadiendo dos compañeros al equipo que ya existía en la primera edición: Carmen Benavides (de la Universidad de Oviedo) y Rafael Bonete (de la Universidad de Salamanca). Era un momento en que, tal como recuerdas, la Unión Europea afrontaba tres desafíos principales. El primero era el referente al establecimiento de la unión económica y monetaria (como complemento del mercado único), un reto que priorizaba la acción de los diferentes gobiernos europeos para poder alcanzar las condiciones de convergencia fijadas al respecto (supervisando la Comisión Europea el cumplimiento de dichas reglas, plasmadas especialmente en el llamado Pacto de Estabilidad y Crecimiento). En España las cosas iban bastante bien en ese sentido, y además los sindicatos y la patronal fueron capaces de consensuar una reforma laboral en abril de aquel año.

El segundo desafío importante de la Unión Europea en 1997 era la realización de una reforma institucional para reforzar su dimensión política y lograr funcionar con un mayor grado de transparencia y eficacia. Ello era imprescindible como apoyo del reto anterior, y también para afrontar mejor el tercer desafío que la UE tenía entonces en el horizonte: la preparación de una nueva ampliación con el fin de incorporar en algún momento a los países de Europa Central y Oriental. Llegados aquí, deseas reseñar que en junio de 1997 concluyó su tarea la Conferencia Intergubernamental que venía trabajando (desde marzo de 1996) para llevar a cabo una modificación del Tratado de Maastricht. En consecuencia, el Consejo Europeo acordó en octubre de dicho año un nuevo Tratado de la UE, el llamado Tratado de Ámsterdam, que entraría en vigor en mayo de 1999.

Es cierto que el nuevo tratado modificó muy poco el marco institucional de la UE (no hubo entonces un consenso suficiente para poder avanzar más en esa dirección). Pero, en cambio, sí que logró progresos muy significativos en el ámbito social, pues lanzó una Estrategia Europea para el Empleo (con el fin de coordinar las políticas de los Estados miembros en la materia) e incorporó al Tratado tanto el Protocolo sobre política social como el Convenio de Schengen (para garantizar la libre circulación de los ciudadanos).

PATRONAT SUD-NORD

(23 de enero de 2024)

Todos esos desafíos en curso, en la evolución de la Unión Europea, eran para ti motivo no solo de contenido en tus clases de la Facultad de Economía, sino también de algunos artículos en la prensa y numerosas charlas (académicas y cívicas) dentro y fuera de Valencia. En junio de 1997 terminó tu participación en la Comisión Erasmus de la Facultad, pero casi de inmediato te incorporaste como vocal a la junta rectora del Patronat Sud-Nord de la Fundación General de la Universidad de Valencia. El rector Pedro Ruiz había nombrado al profesor Rafael Valls como presidente ejecutivo del mismo y éste te pidió que colaboraras en su equipo. Se inició así una nueva etapa para ti en el ámbito de la cooperación universitaria al desarrollo, lo que te pondría en conexión con colegas y estudiantes de distintas disciplinas y universidades (del Norte y del Sur), así como con responsables de dicha área en la administración autonómica.

El Patronat Sud-Nord se había creado en 1991 y no dejaba de ser un espacio donde poder experimentar muchos aspectos de la política de cooperación al desarrollo de la Unión Europea que tú ya conocías (ahora ceñidos al ámbito universitario). Figuraban entre sus metas el fomento del estudio, la investigación, la sensibilización y el compromiso de la comunidad universitaria en actividades de cooperación al desarrollo, sobre todo con países latinoamericanos y africanos. Y se hallaban entre sus tareas habituales la realización de cursos especiales en la materia, así como el establecimiento de redes y vínculos de colaboración con otras universidades e instituciones (nacionales e internacionales). Pensaste que, aunque fuera un cometido más en tu apretada agenda universitaria, valía la pena llevar a cabo esta nueva experiencia que podía tener tan buen impacto social. Y en ella te involucraste a partir de junio de 1997, durante unos cuantos años.

TÁNGER Y EL RIF

(24 de enero de 2024)

A lo largo de 1998, gran parte de tu quehacer académico continuó repartido entre la temática estrictamente europea y la temática mediterránea. En cuanto a esta última, recuerdas especialmente un viaje que hiciste a Tánger en el mes de marzo de dicho año para realizar una charla sobre las oportunidades y los obstáculos de la Asociación Euromediterránea. Te la encargó el responsable de relaciones exteriores de la Cámara de Comercio de Barcelona para pronunciarla ante una asamblea de la Asociación de Cámaras de Comercio del Mediterráneo. Aunque aquel ambiente de personas de negocio era menos conocido para ti, todo fue muy bien, mostrando los asistentes una notable atención en la escucha de tus palabras.

Pero lo más interesante vino después, cuando de la mano de los organizadores del evento tuviste ocasión de visitar tanto la ciudad de Tánger como el conjunto de la región del Rif. Captaste la impresión de encontrarte en un país a caballo entre el pasado y el presente, la tradición y la modernidad, el mantenimiento de unos privilegios extemporáneos para una clase social alta y la necesidad de acometer cambios estructurales profundos que facilitaran el desarrollo económico de Marruecos. El puerto de Tánger aparecía como una verdadera puerta de entrada a África, y no muy lejos de allí se hallaban los polígonos industriales donde se habían instalado numerosas empresas europeas y españolas. Con todo, la región del Rif seguía siendo una de las regiones más pobres del país, una zona de gran presión demográfica sometida a la fatalidad del contrabando, el tráfico de droga y la emigración clandestina a España. Una situación que preocupaba a ambos lados del estrecho de Gibraltar, concitando por tanto la cooperación de las dos administraciones nacionales y de la propia UE para activar estrategias efectivas al respecto.

Dejaste escritas tus impresiones de aquel viaje en unas páginas del libro *Cartes a Judes* (editado por Saó en 2000). Releer las mismas te trae igualmente a la memoria el revolotear de las gaviotas en la bahía de Tánger, el denso ambiente humano en las calles de la ciudad y los turbios negocios que se maquinaban en las zonas más oscuras en torno al puerto. ¿Cómo podría convertirse dicho enclave, que fue plaza internacional antes de la independencia de Marruecos (en 1956), en un verdadero foco de desarrollo de la región del Rif y del conjunto del país?

PASAPORTE AL EURO

(25 de enero de 2024)

Deseas que 1998 sea recordado, entre otras cosas, como el año en que España obtuvo el beneplácito para poder formar parte del euro en el momento de su nacimiento. En efecto, el 2 de mayo de dicho año, reunido en Bruselas, el Consejo Europeo, basándose en los informes de la Comisión Europea, acordó qué países (11 en total) cumplían con los criterios de convergencia establecidos para adoptar la moneda única europea. España se encontraba entre ellos, por lo que entraría desde el principio (1 de enero de 1999) en la unión monetaria (si bien los billetes y monedas nacionales seguirían circulando hasta 2002, cuando serían reemplazados definitivamente por el euro).

Junto a España pasaron también aquel examen Finlandia, Austria, Alemania, Países Bajos, Bélgica, Luxemburgo, Francia, Italia, Portugal e Irlanda. No cumplieron por completo los criterios de convergencia ni Grecia ni Suecia (esta última a propósito para no entrar), mientras que Reino Unido y Dinamarca habían optado previamente por excluirse de la unión monetaria.

Sin duda, España se había esforzado notablemente desde 1995 por reducir con éxito los niveles de déficit público, deuda pública, tipo de interés e inflación. El alto ritmo de crecimiento económico a partir de 1996 facilitó las cosas, aunque ello no se tradujera aún en una palpable disminución de la tasa de paro. En efecto, a mediados de 1998 dicha tasa en nuestro país (del orden del 19%) casi duplicaba la media europea (del 10%). Una divergencia que constituía un serio problema y revelaba la necesidad de mejorar la política española de empleo, tanto a escala nacional como regional (dadas las patentes disparidades territoriales). Todo lo cual recuerdas que lo analizaste en un artículo que publicaste en la *Revista Valenciana de Hacienda Pública* en el número de mayo-agosto de 1998.

FEDERALISMO ECONÓMICO

(26 de enero de 2024)

En septiembre de 1998 viajaste a Bruselas para participar en unas jornadas sobre el euro en el marco de las actividades educativas promovidas al respecto por parte de la Comisión Europea. Tres meses antes se había creado ya el Banco Central Europeo con la misión de introducir dicha moneda y gestionar la política monetaria común. La conferencia inaugural de aquellas jornadas corrió a cargo del mismo Jacques Delors (que desde 1995 había sido relevado como presidente de la Comisión por Jacques Santer). Recuerdas que Delors señaló allí que el euro estaba destinado a reforzar la identidad europea y a intensificar la cooperación entre los Estados miembros. Y, precisamente, tu presentaste en aquel encuentro una ponencia donde argumentabas que la realización de la unión monetaria exigía una mayor federalización económica de la UE, lo cual debía implicar la creación de más ambiciosos instrumentos de actuación a escala comunitaria.

De vuelta a Valencia, publicaste aquella ponencia y celebraste con ello, de paso, tu 25º aniversario como profesor de la Facultad de Economía. Por entonces ésta se hallaba funcionando ya a pleno rendimiento en el nuevo campus universitario de Tarongers. El adiós a la antigua sede en la Avenida Blasco Ibáñez (que ahora ocupaba la Facultad de Filología, Traducción y Comunicación) consistió en una conferencia impartida por Eric Hobsbawn sobre la historia del siglo XX. El prestigioso historiador británico no se conformó con hablar del pasado, sino que aludió también a los desafíos (demográficos, ecológicos y culturales) de un futuro que, a su juicio, no iba a ser meramente una prolongación del tiempo anterior. Todo para hacernos pensar hacia dónde queríamos y debíamos dirigirnos.

ARRANQUE DEL EURO

(27 de enero de 2024)

El 1 de enero de 1999 comenzó la historia del euro, aunque para los ciudadanos de los países que lo adoptaron ésta sería aún una moneda virtual hasta 2002 (la peseta y las otras monedas nacionales siguieron circulando hasta entonces, pero como una mera fracción de la moneda única europea). Junto a la introducción del euro en 1999, el Banco Central Europeo asumió la responsabilidad de gestionar la política monetaria unificada del conjunto de la eurozona. El Banco de España y los otros bancos nacionales de dicha zona pasaron a estar integrados con el Banco Central Europeo en el llamado Eurosistema. Después, tras un período de transición de tres años, los billetes y las monedas en euros comenzaron a circular en 2002, con la consiguiente retirada de los billetes y las monedas nacionales.

Pero mientras había ya una política monetaria centralizada a partir de 1999, las políticas fiscales seguían siendo de carácter nacional, si bien se hallaban coordinadas a través del conocido Pacto de Estabilidad y Crecimiento (que establecía unos límites para los niveles de déficit público y deuda pública en cada país). ¿Era esto suficiente para garantizar el buen funcionamiento de la unión monetaria europea? Tu conocías las dudas que tenían al respecto algunos círculos académicos (tanto en Europa como, sobre todo, en Estados Unidos). Un tema que era analizado con mucho detalle y rigor por María Amparo Camarero y Cecilio Tamarit en el capítulo sobre políticas macroeconómicas de vuestro manual de Economía de la UE.

Con todo, el lanzamiento del euro en 1999 estuvo rodeado de un clima de generalizado optimismo (tanto entre los responsables políticos como en el mundo empresarial), apoyado en un contexto favorable de estabilidad y crecimiento económico que lo acompañó en el conjunto de Europa. En base a dicho crecimiento, la tasa de paro en España pudo descender hasta el 15% en 1999, pero también se elevó notablemente el déficit exterior, denotando una patente vulnerabilidad económica.

AGENDA 2000

(28 de enero de 2024)

Junto a la implantación de la moneda única, hubo otras muchas novedades para la Unión Europea a lo largo del año 1999. Piensas que una de las más importantes de ellas tal vez fuera la aprobación en el mes de marzo, en un Consejo Europeo celebrado en Berlín, de la llamada Agenda 2000. Se trataba de una iniciativa orientada en una doble dirección: por un lado, buscaba modificar y hacer más eficaces algunas de las políticas comunitarias (entre ellas, la agrícola, la regional y otras acciones de carácter estructural); por otro lado, establecía un nuevo marco financiero plurianual para la UE (unas perspectivas financieras para el período 2000-2006) tomando en consideración la proyectada ampliación de la Unión hacia los países del Este a partir del año 2002.

Recuerdas que el acuerdo sobre la Agenda 2000 se alcanzó tras arduas negociaciones en el Consejo, siendo ratificado por el Parlamento Europeo en mayo de 1999. Muchos pensaban que el paquete presupuestario que se había aprobado (para los siete primeros años del nuevo milenio) tenía un carácter demasiado restrictivo. Marcaba un techo máximo para el conjunto del gasto comunitario del orden del 1,27% del PNB de la UE, incluyendo aquí tanto las ayudas de preadhesión como las partidas disponibles para la adhesión cuando ésta se produjera. Los críticos aducían que el nuevo marco financiero exhibía una notable falta de ambición y dudaban sobre si el mismo permitiría a la UE hacer frente a sus múltiples compromisos y exigencias en el futuro próximo. De cualquier manera, ése fue el acuerdo que se pudo alcanzar (dada la preocupación que tenían algunos dirigentes nacionales por el tema de la estabilidad macroeconómica).

TERCERA EDICIÓN DEL MANUAL

(29 de enero de 2024)

Una de tus tareas más importantes en 1999 fue preparar la tercera edición del manual de Economía de la UE (que Cívitas publicó en octubre). Se trató de una edición ampliada y actualizada que reestructuró el temario e incorporó a cuatro nuevos colaboradores: Juan Ramón Cuadrado y Tomás Mancha (de la Universidad de Alcalá de Henares), Jordi Bacaria (de la Universidad Autónoma de Barcelona) e Isidro Antuñano (de la Universidad de Valencia).

Además de la adopción de la moneda única y la aprobación de la Agenda 2000, la tercera edición del manual dio cuenta también de la entrada en vigor del Tratado de Ámsterdam el 1 de mayo de 1999. Lo curioso es que, apenas entró en vigor este nuevo Tratado de la Unión Europea, que aportaba según se ha dicho notables avances en diversos campos (como la libre circulación de personas, la política social y la política de empleo), de inmediato se puso en marcha otra Conferencia Intergubernamental para tratar de conseguir mayores logros en el ámbito de la reforma institucional. El lanzamiento de esta conferencia se acordó en el Consejo Europeo celebrado en Colonia en junio de 1999. Un Consejo que vislumbraba la ampliación de la UE hacia el Este en breve plazo y veía necesario asimismo impulsar la Política Exterior y de Seguridad Común tras la reciente experiencia de la guerra de los Balcanes.

GLOBALIZACIÓN RESPONSABLE

(30 de enero de 2024)

El proceso de globalización económica se estaba intensificando en gran medida a finales de los años noventa, y ello tenía sus ventajas y sus inconvenientes. Fue un tema que abordaste frecuentemente en tus actividades de 1999: mediante colaboraciones en prensa, artículos en revistas y participaciones en cursos organizados por el Patronat Sud-Nord de la Fundación General de la Universidad de Valencia. Más allá de las exigencias de la integración en la UE, la globalización forzaba el reajuste y la modernización del tejido productivo español y valenciano, al tiempo que la apertura más amplia de nuestros mercados ofrecía una vía de crecimiento a otras economías en desarrollo. Era una oportunidad para universalizar las relaciones entre los países y las gentes, pero también una fuente de no pocos conflictos, resentimientos y frustraciones si la globalización se detenía en el ámbito estrictamente económico.

La economía se globalizaba sin que, al mismo tiempo, el mundo se hubiera dotado de instituciones e instrumentos de control adecuados a la misma escala. Ello entrañaba peligros evidentes, como lo demostraba la situación de los mercados financieros donde la gran movilidad del capital había hecho más inestable al sistema económico. Como resulta bien notorio, las crisis financieras se convierten en crisis de la economía real y acarrean grandes costos sociales y humanos. Así pues, era evidente la necesidad de establecer algún tipo de ordenación de la economía global para reducir sus riesgos y efectos indeseados.

El desequilibrio entre el vector mercantil-financiero y el vector humano de la globalización se hizo patente en diciembre de 1999 cuando las protestas sociales paralizaron la cumbre de Seattle de la Organización Mundial del Comercio. El conocido financiero George Soros alertó entonces, en su libro *La crisis del capitalismo global*, de la necesidad de acompañar la globalización económica con unas instituciones internacionales y unos mecanismos de control apropiados para evitar efectos sociales indeseados. Del mismo modo, el sociólogo francés Alain Touraine reclamó la prioridad de la integración de las sociedades frente a la apertura de los mercados, y el filósofo Edgar Morin demandó unas instancias democráticas de gobernanza mundial para regular el funcionamiento de los mercados sin perder de vista los intereses de conjunto de la población mundial.

IDENTIDADES TRIBALES

(31 de enero de 2024)

En 1999 intervinieron las fuerzas de la OTAN en la guerra de Kosovo para llevarla a su fin y evitar que se produjera una limpieza étnica similar a la que se había producido unos años antes en la guerra de Bosnia. Recuerdas con horror aquellos conflictos armados de los años noventa en el territorio de la antigua Yugoslavia. Eran la expresión de un gran fracaso humano: el de la imposible convivencia pacífica entre distintas comunidades étnicas y religiosas. Producto todo ello del cáncer que acarrean, con su fomento del odio y el resentimiento, los tribalismos y nacionalismos de carácter excluyente.

Un buen análisis de dichos comportamientos (presentes entonces también en otras partes del mundo, como Afganistán, Oriente Próximo o Ruanda) lo ofrecía el espléndido libro de Amin Maalouf *Identidades asesinas*, que se publicó en España en 1999 y tú lo reseñaste y comentaste ampliamente en distintos foros de debate. Hay identidades que son asesinas porque reducen la pertenencia de las personas a una sola característica y las instala en una actitud parcial, sectaria, intolerante y dominadora que incita y puede llevar a lo peor. Su visión del mundo resulta así tremendamente sesgada y distorsionada, trazando una frontera infranqueable entre los que consideran miembros de su grupo (étnico, religioso o nacional) y los otros. Para afrontar dicho problema, Amin Maalouf elaboraba en su libro una concepción más amplia y compleja de la identidad (frente a aquella otra de carácter tribal). La identidad de cada persona la compone un conjunto de múltiples pertenencias que, en grado diverso, son elementos de su personalidad. En consecuencia, cada ser humano es singular e insustituible y se encuentra por encima de la "tribu". Los múltiples componentes de nuestra identidad nos vinculan a muchas personas diferentes, y podemos ser fieles a unos valores propios sin negar los de los otros ni vernos amenazados por ellos.

Desde esta perspectiva, piensas que son absurdos y lamentables tantos conflictos (ceñidos a visiones tribales de la identidad, simplistas y agresivas) que impiden organizar la convivencia en una sociedad plural y diversa sobre la base de la democracia y la tolerancia. La persona humana se sitúa en primer plano, con el debido respeto de los valores de cada uno. Cómo no recordar aquí el bello lema de la Unión Europea: "Unida en la diversidad". El mismo Amin Maalouf señala que el proyecto de integración europea nos lleva a subrayar otro elemento más de nuestra identidad (compleja y plural): el europeo.

III

ABRAZAR UNA EUROPA AMPLIA

HACIA LA AMPLIACIÓN AL ESTE DE LA UE

(1 de febrero de 2024)

Al inicio del siglo XXI, tras más de cuarenta años de historia, la Unión Europea estaba alcanzando ya un alto nivel de integración económica (la unión económica y monetaria) y se preparaba para acometer una nueva ampliación (la 5ª) hacia el Este, todo lo cual le planteaba grandes exigencias en diversos frentes. Dicha ampliación era, sin duda, un reto de gran calado histórico. Los mandatarios europeos la consideraban tanto una obligación moral como una necesidad política: se trataba de cerrar una etapa abierta tras la Segunda Guerra Mundial en que Europa quedó dividida entre un Este y un Oeste, pues la meta del proyecto de construcción europea era conseguir una estabilidad y un bienestar para Europa en su conjunto. Además de Chipre y Malta, diez eran los países de Europa Central y Oriental candidatos a la adhesión: Polonia, la República Checa, Eslovaquia, Hungría, Eslovenia, Rumanía, Bulgaria, Estonia, Letonia y Lituania.

Como bien recuerdas, en el Consejo Europeo celebrado en Copenhague en 1993 la UE había adoptado ya una estrategia de preadhesión, definiendo las condiciones que dichos países habrían de cumplir para poder llegar a convertirse en su día en Estados miembros. Básicamente se referían al logro de unas instituciones democráticas, la implantación de una economía de mercado y la capacidad de asumir las obligaciones comunitarias, para todo lo cual la UE brindaba una importante cooperación técnica y financiera. Pues bien, en base a los informes de la Comisión, a finales de los noventa los países más avanzados en el cumplimiento de dichas condiciones eran: Chipre, Malta, Polonia, Hungría, la República Checa, Eslovenia y Estonia. Con ellos empezaron pues las negociaciones de adhesión, y la Agenda 2000 preveía que la 5ª ampliación se produciría a partir del año 2002, aunque no toda de una vez.

Te ves en clase, a principios del año 2000, preguntando a tus alumnos por qué iba a resultar más difícil esta ampliación que cualquiera de las cuatro anteriores, o proponiéndoles como ejercicio práctico la comparación de la integración de España en la UE con la de un país como Polonia, o explicándoles un artículo que publicaste por entonces en la *Revista de Economía Pública, Social y Cooperativa* (del CIRIEC) con el título de "Los fondos estructurales y la ampliación al Este de la Unión Europea".

RABAT Y EL MEDITERRÁNEO

(2 de febrero de 2024)

El tema de las relaciones de la UE y España con el Mediterráneo volvió a ocuparte notablemente el año 2000. Tienes muy presente aquel viaje que hiciste en febrero de aquel año a Rabat para participar en un seminario sobre las "Percepciones sociales y culturales entre España y Marruecos", organizado por la Fundación Repsol y la Fundación Hassan II. Un seminario, bajo la dirección de la profesora Gema Martín Muñoz (de la Universidad Autónoma de Madrid), en el que tú presentaste una ponencia centrada en el punto de vista español sobre "Los conflictos de interés en las relaciones económicas hispano-marroquíes y su influencia en las percepciones culturales y sociales", mientras el punto de vista marroquí era expuesto por Mohamed Raja Amrani (de la Universidad Hassan II de Casablanca). De igual manera, otros colegas abordaron los puntos de vista español y marroquí en los ámbitos de la inmigración, la interpretación de la historia y la influencia de los medios de comunicación. Todo un conjunto de materiales que se publicaron después en un libro editado por ambas fundaciones con la finalidad de hacer pedagogía y aprender a conocernos mejor los dos países.

En otro orden de cosas, durante los meses de enero y febrero del año 2000 estuviste muy pendiente de la presentación de una tesis de máster cuya dirección te había encargado el Centro Internacional de Altos Estudios Agronómicos Mediterráneos, del Instituto Agronómico Mediterráneo de Zaragoza: la tesis de Walid Yehia Sallam, con el título de *Análisis de la situación del sector agrario egipcio ante el Acuerdo de Asociación con la Unión Europea*. Esta se presentó en Zaragoza a finales de febrero y posteriormente Walid se incorporó al programa de doctorado del Departamento de Economía Aplicada de la Universidad de Valencia y serías tú también quien dirigiría su tesis doctoral. Tu interés por el tema mediterráneo te había llevado así a relacionarte con estudiosos y profesores de una parte a la otra del Mediterráneo, de Marruecos a Egipto (y más allá).

COLOQUIO EN ARGEL

(3 de febrero de 2024)

En la primavera y verano del año 2000 participaste en una serie de actividades del Patronat Sud-Nord de la Fundación General de la Universidad de Valencia que tenían como telón de fondo la política social y la cooperación al desarrollo de España y la Unión Europea. Entre ellas recuerdas especialmente tres. Primero, hubo unas intensas Jornadas sobre Inmigración e Interculturalidad en el Colegio Mayor La Coma dirigidas por el profesor Joaquín García Roca. En segundo lugar, se sucedieron unos importantes encuentros en la sede histórica de la Universidad de Valencia con la destacada presencia de Alejandro Lorca (Universidad Autónoma de Madrid), Alfred Tovias (Universidad Hebrea de Jerusalén) y Miguel Ángel Moratinos (enviado especial de la UE para el proceso de paz en Oriente Próximo). Por último, coordinaste (junto con Isidro Antuñano) un curso en la Universidat d'Estiu de Gandia donde hablaste sobre la acción de la UE en relación a los países del Este y el Mediterráneo. Todo eso era para ti, más allá de la docencia, una forma de contribuir a la construcción europea.

Luego, en septiembre de 2000 viajaste por primera vez a Argelia para participar en un coloquio centrado en las relaciones entre ese país y España en el marco de la política mediterránea de la UE. El coloquio se celebró en la Biblioteca Nacional de Argel, organizado por el Centro de Investigación para el Desarrollo (de la Universidad de Orán) y el Centro Español de Investigación para la Paz. Argelia atravesaba entonces una situación muy especial tras sufrir una década de guerra civil encubierta. Su población sentía un enorme deseo de vivir en paz y en libertad. Ello se palpaba en el ambiente y lo expuso con gran claridad el historiador argelino Mohammed El-Korso (de la Universidad de Orán), mientras que por parte española fue muy destacable la intervención de Jesús Núñez Villaverde (del Instituto de Estudios sobre Conflictos y Acción Humanitaria de Madrid). Aquel fue sin duda un viaje muy instructivo que te permitió reconocer la gran diversidad de experiencias humanas que componen el sur del Mediterráneo.

DECLARACIÓN DEL MILENIO

(4 de febrero de 2024)

Hay momentos en la historia en que, debido a una serie de circunstancias favorables (aprendiendo de lo vivido), los seres humanos somos capaces de ponernos de acuerdo y dar un paso importante (actuando juntos) en pos de la construcción de un mundo mejor (a escala local, nacional o internacional). En septiembre del año 2000 sucedió algo de esto cuando la Asamblea General de Naciones Unidas aprobó la llamada Declaración del Milenio. Con ella se activó una agenda de desarrollo de alcance mundial en torno a ocho grandes metas que pretendían dar a la globalización un rostro más humano: erradicar la pobreza extrema y el hambre, lograr la enseñanza primaria universal, promover la igualdad de género y la autonomía de la mujer, reducir la mortalidad infantil, mejorar la salud materna, combatir el sida, el paludismo y otras enfermedades crónicas, garantizar la sostenibilidad del medio ambiente y fomentar una asociación mundial para el desarrollo.

La Unión Europea y sus Estados miembros fueron partícipes importantes en la aprobación de esta Agenda del Milenio de Naciones Unidas (programada con el horizonte de 2015), y en ese marco de acción global se articuló coherentemente desde entonces la política europea de cooperación al desarrollo. Esta era una de tus áreas especiales de estudio y preocupación, y recuerdas muy bien la influencia tan importante que tuvo en todo ello el pensamiento de Amartya Sen. Este filósofo y economista hindú, profesor de la Universidad de Harvard, había sido galardonado con el Nobel de Economía en 1998 (cuatro años después de ser investido doctor honoris causa por la Universidad de Valencia). Sus ideas inspiraron notablemente los informes del Programa de Naciones Unidas para el Desarrollo (PNUD) en los años 90, y en particular la formulación del conocido Índice de Desarrollo Humano. Su concepción integral del desarrollo aparecía muy bien expuesta en el libro *Desarrollo y libertad*, publicado en español el año 2000. Un libro que tú trabajaste a fondo y difundiste ampliamente en tus escritos y tus clases.

Como parte del contexto mundial, se hallaba por supuesto el área específica del Mediterráneo. Antes de acabar el año 2000, en el mes de noviembre, se celebró en Marsella una conferencia ministerial euromediterránea entre los representantes de la UE y sus socios del Sur y Este del Mediterráneo. Su objetivo era revisar la estrategia puesta en marcha cinco años antes en Barcelona, calibrando los avances y los retos pendientes. Y precisamente en dicho momento se publicó un número de la revista *Información Comercial Española* con un artículo sobre la materia realizado por ti y por Francisco Bataller: "El Área Euromediterránea: esperanzas, logros y frustraciones del Proceso de Barcelona".

TRATADO DE NIZA

(5 de febrero de 2024)

Febrero de 2001 te trae el recuerdo de tu participación en un seminario de la Fundación ÉTNOR de Valencia donde expusiste el tema "Tensiones entre los mundos de la sociedad global". Este tema sería después el primer capítulo de un libro que publicaste, en colaboración con Isidro Antuñano, con el título de: *Las relaciones Sur-Norte. Una mirada valenciana.* Lo editó la Universidad de Valencia, en la colección "La Nau Solidaria" auspiciada por el Patronat Sud-Nord. Sin duda, buena parte de tu actividad académica durante aquel año estuvo centrada en el tema del desarrollo, pero sin dejar de seguir en ningún momento el ámbito de interés europeo.

Y justamente en ese ámbito, recuerdas también que en febrero de 2001 el Consejo Europeo aprobó un nuevo Tratado de la UE, el Tratado de Niza, que vino a modificar el anterior Tratado de Ámsterdam. La Conferencia Intergubernamental encargada de elaborarlo había estado trabajando con cierta presión ante la necesidad de acordar una reforma institucional que hiciera posible la ampliación al Este de la UE. Al final el Tratado de Niza introdujo unos cambios mínimos imprescindibles al respecto, y quedó aplazado de nuevo el reto de lograr una auténtica reforma institucional comunitaria. Los principales ajustes introducidos por dicho Tratado fueron: limitar el número de Comisarios a uno por Estado miembro, establecer un nuevo sistema de votación por mayoría cualificada en el Consejo, y ampliar las áreas que pasaron a ser votadas por mayoría cualificada (en vez de serlo por unanimidad). A la postre, se trataba de hacer más eficaz y operativo el proceso de decisión en una UE ampliada. Con todo y con eso, la ratificación del Tratado de Niza tuvo algún problema (particularmente en Irlanda) y su entrada en vigor se retrasó a febrero de 2003.

CURSO EN MÉXICO

(6 de febrero de 2024)

En abril de 2001 viajaste a México para impartir un curso semanal en el marco de la Diplomatura en Integración Europea que ofrecía el Instituto Tecnológico Autónomo de México (ITAM), con el auspicio de la Comisión Europea y bajo la dirección de Jordi Bacaria. Un año antes México había suscrito un Acuerdo de Asociación con la UE, y desde 1994 regía un Tratado de Libre Comercio con Estados Unidos y Canadá (NAFTA). Era así evidente la apuesta reciente del país por la internacionalización de su economía como vía para lograr el desarrollo y la modernización. México te encantó de inmediato, pero captaste también enseguida su fragilidad social. El Distrito Federal que conformaba la capital impresionaba como una vasta conglomeración urbana con enormes diferencias entre ricos y pobres y notorios problemas de seguridad ciudadana. Con todo y con ello, te ganó plenamente la humanidad de sus gentes y la enorme gratitud que mostraron los estudiantes en el aula.

Tras la vuelta de aquel viaje participaste en unas Jornadas en Honor de Amartya Sen que se celebraron en la Universidad Jaume I de Castellón. Hablaste allí de cooperación y desarrollo, y lo mismo hiciste poco después en un curso de postgrado sobre la materia realizado en el Colegio Mayor Universitario La Coma. Este lo dirigía el filósofo, teólogo y sociólogo Joaquín García Roca. Él era miembro, igual que tú, de la junta rectora del Patronat Sud-Nord de la Fundación General de la Universidad de Valencia, y los dos sentisteis mucho que en junio de 2001 terminara su mandato en dicha institución, como presidente ejecutivo, el profesor Rafael Valls. Algún tiempo después el rector Francisco Tomás designó para el cargo al profesor Arcadio Gotor (de la Facultad de Psicología), y éste os pidió tanto a ti como a Ximo García Roca que continuarais en su equipo en el Patronat. Los dos aceptasteis con gusto por vuestro compromiso con la cooperación universitaria al desarrollo, algo que tú llevabas en paralelo a tu tarea educativa e investigadora en torno al proyecto de integración europea.

LOS ATENTADOS TERRORISTAS DEL 11-9-2001

(7 de febrero de 2024)

Cuando el 11 de septiembre de 2001 se produjeron los terribles atentados terroristas de Al Qaeda en Nueva York y Washington, el mundo quedó sumido de pronto en un ambiente cargado de gran incertidumbre e inseguridad. Según relata Timothy Garton Ash en su libro *Europa. Una historia personal*, aquel trauma transformó Estados Unidos. La Administración Bush convirtió la "guerra contra el terrorismo" en una prioridad sobre todo lo demás. Europa mostró de inmediato su solidaridad con Estados Unidos, y apoyó acto seguido su invasión punitiva a Afganistán para tratar de exterminar Al Qaeda. Después, sin embargo, cuando la Administración Bush pasó de Afganistán a Irak, hubo una amplia disconformidad social en la mayoría de los países europeos.

Te viene sobre todo a la mente que, a poco de producirse aquellos dramáticos atentados del 11 de septiembre, los mejores pensadores del mundo confluyeron en señalar que la respuesta a los mismos debía ir más allá de una acción puramente militar o policial. Era el momento preciso para dotar de una mayor carga ética a la globalización, para tratar de hacerla más gobernable con el fin de lograr un orden internacional más justo y solidario. Aquellas voces se escuchaban especialmente en Europa, pero algunas se dejaban oír también en los propios Estados Unidos. Cómo olvidar que aquel año le fue concedido el Premio Nobel de Economía a Joseph Stiglitz, quien acto seguido publicó su libro *El malestar de la globalización*, de tanto impacto mediático.

A propósito de los atentados del 11-9-2001, Timothy Garton Ash indaga en su libro sobre la amplia presencia de inmigrantes y ciudadanos musulmanes en Europa. Alude a la radicalización de una pequeña minoría de los mismos influidos muchos de ellos por la dificultad de su integración en el ambiente en que viven en barrios degradados de las periferias de las ciudades europeas. También constata que la "guerra contra el terrorismo" agudizó en cierta forma dicha radicalización y que la prensa sensacionalista pasó a identificar de manera irresponsable el término musulmán con el de extremista. Con todo lo cual, piensas que se ha enturbiado una convivencia social que es preciso reparar y cuidar con políticas adecuadas de carácter social y cultural. Cómo no reivindicar aquí, de nuevo ahora, el concepto de Amin Maalouf sobre las identidades complejas.

NUEVA ESTANCIA EN BRUSELAS

(8 de febrero de 2024)

En octubre de 2001 realizaste una nueva estancia de una semana en Bruselas. Por entonces ya habías decidido preparar la cuarta edición del manual de Economía de la UE con importantes cambios en el mismo. Se incorporaron nuevos colaboradores (Francisco Goerlich, Matilde Más, Francisco Pérez, Vicente Jaime y Miguel Pérez Sancho, de la Universidad de Valencia; Ramón Franquesa y Raúl Ramos, de la Universidad de Barcelona), mientras dejaron de hacerlo otros (José Aixala, Francisco Caballero, Vicente Esteve, Rafael Lostado). Deseabas llevar a cabo una edición completamente renovada del texto, dando cabida a los recientes avances en el proceso de integración europea (tanto en el ámbito institucional como económico). Y por eso fuiste en octubre a Bruselas, para indagar sobre esos avances en distintos departamentos de la Comisión Europea.

Como en ocasiones anteriores, te sirvieron de guía allí algunos buenos amigos que ocupaban desde hacía años altos puestos como técnicos en la Comisión (Francisco Bataller, Manuel Sanchis, Francisco Caballero). A ellos se había unido ahora la profesora de la Facultad Amparo Roca Zamora que había aprobado ese año las oposiciones de economista de la Comisión Europea. Ésta era una profesional e investigadora sumamente competente que constituía a la vez un pilar fundamental del manual. En efecto, ella era la encargada de redactar distintos capítulos del mismo relativos al sistema institucional de la Unión, el mercado único europeo y la política industrial comunitaria. Y también en esta ocasión, ahora desde Bruselas, Amparo Roca fue una pieza básica del equipo que estaba empeñado en mantener el buen nivel de aquel texto y sacar su nueva edición el curso siguiente.

GEOGRAFÍA DE EUROPA

(9 de febrero de 2024)

Hoy impartes una clase especial en el curso sobre Geografía de Europa que dirige el profesor Javier Esparcia en la Facultad de Geografía e Historia de la Universidad de Valencia. Su amable invitación te da la oportunidad de comparecer ante un grupo de estudiantes bastante jóvenes (de unos 20 años). Quieres atraer su interés por el tema que explicas y fomentar su simpatía por el proyecto de integración europea. Les hablas sobre los retos actuales de la Unión Europea, pero antes muestras un reconocimiento por la calidad de esa Facultad de Geografía e Historia que ha tenido tradicionalmente tan buenos profesores (entre ellos, el ya desaparecido José Mª Bernabé que tanto apreciaste, y el muy dinámico Jorge Hermosilla que ha ejercido también como decano y vicerrector).

Tu punto de partida lo constituye un tiempo presente nutrido de notables dificultades: guerras en Ucrania y Gaza, tensiones internacionales, polarización política, auge de los populismos, incertidumbre sobre el futuro. Aun así, no deseas provocar ninguna desesperanza entre los estudiantes, bien al contrario, y apelas a la escucha de las voces más sensatas que instan a buscar siempre caminos de entendimiento, diálogo y cooperación. Llamas también la atención sobre las elecciones al Parlamento Europeo el próximo mes de junio y les animas a participar abriendo la mente y discerniendo bien la información. Luego reparas en algunos conceptos clave que acompañan el estudio de la Unión Europea (como integración, interdependencia, cooperación y coordinación, atribución de competencias, instituciones y políticas comunes, fines y medios de la Unión).

Deseas hacer un breve repaso de la experiencia vivida en Europa durante los últimos años (destacando la grave crisis financiera de 2008 y la tremenda pandemia del coronavirus en 2020) para subrayar, acto seguido, el aprendizaje que de todo ello se ha podido derivar. A partir de ahí te centras en la estrategia actual de la UE y sus dos instrumentos principales: el Fondo de Recuperación (NGEU) y el Marco Financiero Plurianual (2021-2027). Éste pretende mejorar el proceso de desarrollo de la UE apoyando una transición ecológica y digital de los distintos países, además de la cohesión social y territorial. Finalmente, aludes a tres retos clave de Europa en el presente: seguir respondiendo con coherencia ante la guerra en Ucrania, completar adecuadamente la Unión Económica y Monetaria, y encarrilar convenientemente la próxima ampliación de la UE hacia el Este y los Balcanes. Dicho esto, atiendes con respeto e interés las preguntas y comentarios de los estudiantes.

EL MALESTAR DEL CAMPO

(10 de febrero de 2024)

Esta semana las carreteras y calles de numerosas ciudades europeas se han visto afectadas por importantes movilizaciones de las organizaciones agrarias. Éstas reclaman relajar ciertas regulaciones medioambientales, simplificar los trámites ligados a las percepciones de ayudas europeas y frenar la bajada sistemática a que se ven sometidos los precios en origen de las cosechas (mientras aumentan en los comercios y los supermercados). Sin duda, el malestar que hay en el campo en buena parte de Europa requiere una respuesta adecuada por parte de las autoridades nacionales y comunitarias.

La presidenta de la Comisión Europea, Ursula von der Leyen, ha expresado su idea de reorientar las subvenciones agrarias para centrarlas no tanto en la producción o en la propiedad como en el mantenimiento del territorio con ciertas condiciones medioambientales o de calidad, y ha manifestado su compromiso de dialogar en mayor medida con el sector primario. Por su parte, el presidente del Gobierno, Pedro Sánchez, ha mostrado su disposición a reforzar la Ley de Cadena Alimentaria para evitar que los agricultores se vean forzados a vender a pérdida sus productos.

Piensas en la buena voluntad que tienen tanto las autoridades nacionales como comunitarias, pero también en la gran profundidad que alcanza el problema de la agricultura en Europa. Seguramente ya no resulta muy válida una política agraria que aspira a la seguridad alimentaria mediante una producción sostenida a través de subsidios. Este modelo ha llevado a que los grandes propietarios acaparen la mayor parte de las ayudas al sector, mientras muchos pequeños y medianos agricultores o ganaderos se ven abocados a la subsistencia o a cerrar su explotación. Tras años de reforma de la PAC, el 20% de sus beneficiarios se llevan el 80% de las ayudas directas. La respuesta a las demandas del campo ha de pasar, pues, por una reforma integral de esta política que asegure un reparto más equitativo de las ayudas y atienda a las exigencias medioambientales y los problemas de despoblación de las comunidades rurales.

DEBATE SOBRE EL FUTURO DE EUROPA

(11 de febrero de 2024)

Retomas ahora el hilo cronológico de tus recuerdos y vivencias europeas y te sitúas a finales de 2001 y principios de 2002. En diciembre de 2001 el Consejo Europeo celebrado en Laeken lanzó una Convención (ampliamente representativa) para el Debate sobre el Futuro de Europa, bajo la Presidencia de Valéry Giscard d'Estaing. Su objetivo era preparar el camino para lograr una adecuada reforma institucional de la Unión Europea. Tenía para ello el encargo de elaborar un documento con propuestas de reforma que después habría de deliberar una Conferencia Intergubernamental. Se deseaba alcanzar una mejor delimitación de competencias entre la Unión y los Estados miembros, una mayor transparencia y eficiencia en la toma de decisiones y, en última instancia, un proyecto de Constitución europea equivalente a una versión única y simplificada de los Tratados existentes.

El 1 de enero de 2002 España asumía de nuevo la presidencia rotatoria semestral del Consejo de la UE, y justo en ese momento se inició la circulación de monedas y billetes nominados en euro (sustituyendo a la histórica peseta). Fue en febrero cuando comenzó sus tareas la Convención para el Debate sobre el Futuro de Europa y ésta quiso fomentar una amplia participación institucional y ciudadana. En ese sentido, la Generalitat Valenciana creó en el mes de mayo el Consejo Valenciano para el Debate sobre el Futuro de Europa, y tú tuviste el honor de participar en el mismo. El Consejo prolongaría su actividad durante un año, en el cual recuerdas que mantuviste una relación muy fructífera y cordial con Jorge Cardona (entonces profesor de la Universidad Jaume I de Castellón), Joan Romero (de la Universidad de Valencia) y Carmen Dolz (secretaria autonómica para las relaciones con la UE).

EL CONSENSO DE MONTERREY

(11 de febrero de 2024)

En marzo de 2002 tuvo lugar en Monterrey (México) una importantísima Conferencia Internacional sobre Financiación al Desarrollo para aportar un respaldo de recursos necesarios a la Agenda del Milenio que se había aprobado anteriormente por la ONU. Allí se adoptaron un conjunto de serios compromisos financieros (nacionales e internacionales) para la cooperación al desarrollo y se acordó una valiente declaración institucional que fue conocida como "Consenso de Monterrey". En ella se reconocía, por ejemplo, que la paz y el desarrollo se refuerzan mutuamente, por lo que se hacía una llamada a "promover sistemas económicos nacionales y mundiales basados en los principios de justicia, equidad, democracia, participación, transparencia, responsabilidad e inclusión". Cuánta trascendencia le diste entonces a aquella declaración cuya validez te parece aún innegable en el tiempo presente.

Unos días después de aquella Conferencia, a principios de abril, viajaste precisamente tú a México para impartir de nuevo un curso semanal en la Diplomatura en Integración Europea que ofrecía el Instituto Tecnológico Autónomo de México (ITAM) con la colaboración de la Comisión Europea. En esta ocasión el curso tenía estudiantes no sólo de la capital (México DF), sino también de otras partes del país y de otros países de América Latina, todo lo cual lo hizo aún más interesante que la vez anterior. Un viaje que aprovechaste para moverte algo más tanto por el DF como por sus áreas próximas. A veces llevándote alguien en coche, pero más frecuentemente confundiéndote con la inmensa humanidad que utilizaba cada día el metro de la ciudad y representaba tan buena muestra del conjunto de la población mexicana.

VALENCIA Y EL ÁREA EUROMEDITERRÁNEA

(12 de febrero de 2024)

A finales de abril de 2002, con motivo de la presidencia española del Consejo de la UE, tuvo lugar en Valencia la V Conferencia Euromediterránea entre los mandatarios de los países de la UE y los países socios del sur mediterráneo. Fue una gran oportunidad que se celebrara aquí (en la Ciudad de las Artes y las Ciencias) esta cumbre tan especial que tuvo sin duda un éxito muy notable (en ella, por ejemplo, se firmó el Acuerdo de Asociación de Argelia con la UE), sirviendo para mostrar la vocación valenciana de jugar un papel relevante en la evolución del Área Euromediterránea (no olvidas que sobre aquel evento escribiste después un largo artículo en *Ágora, Revista de Ciencias Sociales*).

Dicha Conferencia fue acompañada además de un foro civil (denominado Foro Valldigna para el Mediterráneo) organizado por la Conselleria de Benestar Social de la Generalitat Valenciana. Tú participaste en el mismo y fuiste relator de una de sus mesas de debate (la relativa al "Establecimiento de una zona mediterránea de librecambio"). Y recuerdas muy bien que, para redactar el texto de las conclusiones finales, contaste con el valioso apoyo de tres buenos compañeros en aquella mesa: José Mª García Álvarez-Coque (de la Universidad Politécnica de Valencia), Celestino Suárez (de la Universidad Jaume I de Castellón) y Cecilio Tamarit (de la Universidad de Valencia).

INSTITUTO EUROPEO DEL MEDITERRÁNEO

(13 de febrero de 2024)

A finales de junio de 2002 viajaste de nuevo a Rabat para participar en un seminario sobre las relaciones de España con

Marruecos. Estaba organizado por el Instituto Europeo del Mediterráneo (IEMed, con sede en Barcelona) y el Grupement d'Études et Recherches en Méditerranée (GERM, con sede en Rabat). La finalidad del seminario era explorar posibles escenarios de colaboración entre actores de la sociedad civil de ambos países. A ti se te asignó la responsabilidad de plantear algunas ideas centradas en el ámbito agrario. El tema era complicado, pero hiciste lo que pudiste y ello fue del agrado de Andreu Claret, director general del IEMed.

La sorpresa fue que, algún tiempo después de aquel viaje, ya en el mes de septiembre, recibiste la propuesta de pasar a ser miembro del Consejo Asesor del IEMed. Lo aceptaste de inmediato, por supuesto. Ello constituía para ti un verdadero honor y la oportunidad de estar conectado a una institución central en la organización de encuentros de gran interés entre estudiosos de ambas orillas del Mediterráneo. Durante una década permanecerías vinculado a dicha institución, aunque tu período más activo en ella fue, sin duda, mientras ejerció allí su mandato Andreu Claret. Con él tuviste, en efecto, una sintonía muy especial, así como con Gemma Aubarell, responsable de estudios y programas del IEMed en aquel período.

CUARTA EDICIÓN DEL MANUAL

(14 de febrero de 2024)

En septiembre de 2002 salió publicada la cuarta edición del manual de Economía de la UE en la que habíais estado trabajando un amplio equipo de compañeros durante los últimos meses. Con ello teníais renovado, al menos para dos o tres cursos académicos, un útil instrumento en el que apoyabais la docencia sobre la materia un buen número de profesores de distintas universidades españolas. Dar clase era tu vocación principal y eso lo hacías con regularidad en la propia Facultad de Economía de la Universidad de Valencia, pero también dando frecuentes charlas en otros centros educativos o cívicos de la Comunidad Valenciana u otras regiones.

La integración europea, el Mediterráneo, la Europa del Este y la cooperación al desarrollo eran temas de tu atención particular. Luego estaba la asistencia a determinadas Jornadas o seminarios presentando de vez en cuando alguna ponencia o comunicación que se convertían después en artículos de revistas o capítulos de libros. Esa era en suma la labor de cualquier profesor universitario. A ello se añadía en tu caso formar parte desde hacía un tiempo de la Junta del Patronat Sud-Nord de la Fundación General de la Universidad de Valencia, y haber asumido más recientemente dos tareas adicionales de gran interés, aunque suponían igualmente un cierto trabajo: ser miembro del Consejo Valenciano para el Debate sobre el Futuro de Europa y ser miembro del Consejo Asesor del Instituto Europeo del Mediterráneo con sede en Barcelona. Así estaban las cosas para ti cuando terminaba el año 2002 en que, por un lado, se había hecho ya una realidad palpable el euro como moneda para los ciudadanos españoles y, por otro lado, la UE iba concluyendo las negociaciones de adhesión con los países de Europa del Este que se hallaban más avanzados a este respecto.

LOS JÓVENES Y EUROPA

(15 de febrero de 2024)

De los inicios de 2003 te llegan dos recuerdos especiales vinculados a tu quehacer universitario relacionado con la UE. El primero remite a la estancia de una semana en el Institut d'Estudis Europeus de la Universidad Autónoma de Barcelona, participando como profesor invitado en el curso de doctorado "Relaciones Internacionales e Integración Europea". El segundo evoca tu participación en el foro "Europa y los jóvenes", organizado en Guardamar del Segura por el Consejo Valenciano para el Debate sobre el Futuro de Europa y el Instituto

Valenciano de la Juventud. En Guardamar se reunieron cerca de un centenar de jóvenes procedentes de distintas localidades y asociaciones valencianas con el fin de escuchar a un par de ponentes y debatir entre ellos sobre su propia visión de Europa. De dicho debate derivó un documento de conclusiones que el Consejo Valenciano envió a la Convención de Bruselas.

Los jóvenes valencianos deseaban una Europa más unida y democrática, y tenían confianza en la misma. Querían una Europa respetuosa con la diversidad religiosa, cultural y lingüística, y con mayor cohesión social y territorial. Demandaban agilidad en la homologación de los diplomas académicos y profesionales, y reclamaban mayores incentivos para la movilidad en los intercambios culturales de la juventud europea. Eran partidarios de un marco más federal para la Unión Europea, pero con mayor transparencia y fomento de la participación ciudadana. Apostaban por la aprobación de una Constitución europea y por una política educativa más coordinada en el conjunto de la Unión. Aspiraban a una Europa que actuara a favor de la paz y la solidaridad en el contexto internacional.

No olvidas que en aquellos momentos planeaba una preocupación especial: era el riesgo de que se produjera una guerra en Irak por la intervención militar de Estados Unidos, algo que los jóvenes veían con gran inquietud y recelo. La amenaza por parte del Presidente George Bush se sustentaba en su afirmación de que Irak poseía y estaba desarrollando armas de destrucción masiva que representaban un grave peligro para Estados Unidos y sus aliados; además, algunos funcionarios americanos alegaban que Sadam Husein y Al Qaeda habían estado cooperando. Pero ni de una cosa ni de la otra existían en realidad pruebas fehacientes. Tal como refiere Timotthy Garton Ash en su libro, esa era la forma en que la Administración Bush llevaba a cabo entonces su "guerra contra el terrorismo" tras los atentados del 11-9-2001, pero esta vez (a diferencia de su intervención en Afganistán) ya no contaba con el respaldo de la mayoría de Europa.

MÉXICO Y LA GUERRA DE IRAK

(16 de febrero de 2024)

La fatídica guerra de Irak comenzó el 20 de marzo de 2003 cuando tú te encontrabas impartiendo un curso en México. Ese día una coalición de varios países encabezados por Estados Unidos invadió Irak. En México, al igual que en Europa, solo una minoría de ciudadanos era partidaria de una acción militar para afrontar las tensiones y amenazas internacionales. Poco antes se había publicado precisamente el libro *Glosario para una sociedad intercultural*, coordinado por el profesor Jesús Conill, que indicaba un camino alternativo para construir un mundo mejor: el camino de la cooperación y el diálogo. No fue esa, sin embargo, la vía elegida entonces por la Administración Bush, y la guerra de Irak, como el tiempo demostró, solo sirvió para empeorar las cosas.

Aquél fue tu tercer viaje a México para impartir docencia en la Diplomatura en Integración Europea del ITAM. Un viaje que aprovechaste para conocer un poco más y mejor ese país de la mano de tu amigo Jordi Bacaria y algunos compañeros mexicanos. Uno de ellos, Luis Huacuja, te invitó a dar una charla sobre Europa en la Universidad Popular Autónoma del Estado de Puebla. Y recuerdas que la charla estuvo bien, pero que acabó adueñándose del debate el tema de la guerra de Irak. Puebla era la cuarta ciudad más importante de México y en sus alrededores tenía sus instalaciones la factoría alemana Volkswagen (tan parecidas a las de la Ford en Almusafes). En el viaje de vuelta a España lamentaste aún más la postura del Presidente José Mª Aznar apoyando la guerra de Irak. Una guerra que sembraba la división en las relaciones internacionales y el desconcierto en unas opiniones públicas (como la española o la mexicana) que no comprendían realmente lo que estaba sucediendo.

FRUTOS DEL DEBATE EUROPEO

(17 de febrero de 2024)

Entre los meses de abril y mayo de 2003 terminó su tarea el Consejo Valenciano para el Debate sobre el Futuro de Europa. Por un lado, hubo un informe de propuestas de reforma que el Consejo elevó a la Convención de Bruselas antes de que ésta ultimase su misión. En ese sentido, tú te encargaste de redactar la parte de aquel informe relativa a "La reforma del sistema de financiación europea". A la postre, el conjunto del informe fue debatido en el Consejo durante aquella primavera hasta consensuar un texto final.

Por otro lado, el Consejo Valenciano para el Debate sobre el Futuro de Europa organizó en el mes de mayo un curso en la Universidad Internacional Menéndez y Pelayo de Valencia sobre el tema "La ampliación de la Unión Europea y sus repercusiones sobre la Comunidad Valenciana", y tú te involucraste también bastante en él. Sin duda, la proximidad de la incorporación de los países del Este a la UE despertaba un gran interés e inquietud en la sociedad española a mediados de 2003, lo que te llevó a escribir algunos artículos a este respecto (uno de ellos publicado en la *Revista Valenciana de Economía y Hacienda*).

Finalmente, en el mes de junio de 2003, el Consejo Valenciano para el Debate sobre el Futuro de Europa cerró su período de actuación y desapareció. Por su parte, la Convención para el Debate sobre el Futuro de Europa, presidida por Valéry Giscard d'Estaing, culminó igualmente su mandato en junio de dicho año. El fruto más visible del mismo fue la elaboración de un proyecto de Constitución europea que se entregó entonces al Consejo Europeo celebrado en Salónica. Acto seguido, el Consejo lo pasó para su debate a una Conferencia Intergubernamental.

CURSO EN TURQUÍA

(18 de febrero de 2024)

Es difícil olvidar aquel viaje tan interesante que hiciste a Turquía, a finales del verano de 2003, para impartir un curso de dos semanas en Ankara en el marco del "EU Training Program" organizado por la Turkish Democracy Foundation, bajo el auspicio de la Comisión Europea. En el fin de semana que hubo entremedio pudiste visitar Estambul y observar un poco el país mientras ibas y volvías de una ciudad a otra en autobús. Captaste así la dualidad entre la Turquía rural y la urbana, pero más aún te deslumbró el afán de los asistentes al curso (universitarios y profesionales de diferentes partes del país) por conocer el funcionamiento de la UE y la experiencia de integración de países como España. El responsable de aquella fundación, Gengiz Erdal, te facilitó enormemente todas las cosas.

Turquía tenía en aquellos momentos un gran interés por integrarse en la UE. En la década de los años ochenta el país emprendió el camino hacia un modelo más abierto y en 1987 solicitó formalmente su entrada en la Unión. Dicha solicitud fue congelada entonces por razones relacionadas con el incumplimiento de derechos humanos. Sin embargo, gradualmente mejoró el acuerdo comercial entre ambas partes hasta alcanzar una unión aduanera para productos industriales en 1996. Además, se dieron unos cambios políticos internos importantes que llevaron al Consejo Europeo a declarar a Turquía como país candidato a la adhesión a la UE en diciembre de 1999. Ello significaba que Turquía habría de cumplir con los criterios requeridos al respecto (lo mismo que otros países candidatos), siendo evaluado en dicho proceso por la Comisión Europea y, al mismo tiempo, se beneficiaría de una serie de ayudas de preadhesión. Precisamente, el Consejo Europeo celebrado en Copenhague en diciembre de 2002 había valorado muy positivamente las reformas políticas e institucionales emprendidas por Turquía, anunciando que, de seguir avanzando a ese ritmo, en un par de años podrían iniciarse las negociaciones de adhesión. Y ese era el ambiente tan positivo y esperanzador que envolvía aquel "EU training program" en el que tú participaste en Ankara a finales de agosto y principios de septiembre de 2003.

BALANCE PROVISIONAL

(19 de febrero de 2024)

Otoño de 2003. Has iniciado un nuevo curso académico en el que cumples treinta años como profesor universitario. Lo celebras atendiendo con ilusión las clases habituales en la Facultad (centradas en la economía de la UE), pero también realizando otra serie de actividades que envuelven a aquellas. Así, participas en el Curso Interuniversitario de Cooperación al Desarrollo que tiene lugar en el Colegio Mayor La Coma. Eso lo haces además como miembro que eres de la junta rectora del Patronat Sud-Nord de la Fundación General de la Universidad de Valencia. Una entidad en la que, de manera repentina, se ha producido la muerte de su presidente ejecutivo, Arcadio Gotor. El rector Francisco Tomás os pide tiempo antes de nombrar a un nuevo presidente ejecutivo y, mientras tanto, vuestro compromiso para que el Patronat siga funcionando con normalidad.

Finales de 2003. El balance provisional que puedes hacer de tus tres décadas como profesor universitario emerge implícitamente con las diversas tareas con las que terminas aquel año. Has colaborado (junto a José Mª García Álvarez-Coque) en un informe conjunto sobre la liberalización agraria y la Asociación Euromediterránea realizado por la red FEMISE de Institutos Económicos del Mediterráneo. Has escrito un artículo en la prensa haciéndote eco del proyecto de Constitución Europea que comienza a ser debatido por una Comisión Intergubernamental (antes de que, para la decisión última, vuelva al Consejo Europeo). Y has publicado un extenso trabajo en la revista *Información Comercial Española* en un número monográfico dedicado a conmemorar el 25° aniversario de la Constitución Española. En ese monográfico aparecen otros textos de firmas muy reconocidas (como José Luis García Delgado, Guillermo de la Dehesa, Luis Gámir, Juan Ramón Cuadrado, Ramón Tamames), ofreciendo el tuyo un "Balance de la integración de España en la Unión Europea" (en el que se evalúan los principales impactos económicos y la ayuda estructural comunitaria).

PROPUESTA DEL RECTOR

(20 de febrero de 2024)

En febrero de 2004 recibiste una llamada del rector Francisco Tomás para reunirte con él. Te propuso que asumieras la presidencia ejecutiva del Patronat Sud-Nord en sustitución del malogrado Arcadio Gotor. La propuesta te pilló de sorpresa y le pediste tiempo para pensarlo. Al final la aceptaste porque el técnico del Patronat, Ximo Revert, te aseguró que te evitaría toda la burocracia posible y el rector dio por bueno que entrara en tu equipo Isidro Antuñano. Con esas condiciones tomaste posesión del cargo a primeros de marzo y te mantendrías en él hasta noviembre de 2006.

Durante ese período tuviste la suerte de que fuera Carmen Dolz la Directora General de Cooperación al Desarrollo de la Generalitat Valenciana, una persona con la que tenías muy buena sintonía desde que os conocisteis en el Consejo Valenciano para el Debate sobre el Futuro de Europa. En realidad, guardas un recuerdo muy afectuoso de todos los compañeros que entonces formaron parte de la Junta Rectora del Patronat, empezando por el propio rector. Apoyado en todos ellos, y en el equipo técnico de la institución, desarrollaste lo mejor posible tu función de presidente ejecutivo en compatibilidad con tus otras tareas docentes y de investigación.

Era el mes de marzo de 2004 y es difícil olvidar que el día 11 de dicho mes tuvo lugar en Madrid aquel terrible atentado terrorista en los trenes de cercanía, perpetrado por un grupo yihadista, causando cerca de 200 muertos y 1.900 heridos. España y toda Europa quedaron tremendamente conmocionadas por el mismo. Recuerdas el correo que recibiste entonces de Gengiz Erdal, de la Turkish Democracy Foundation, mostrándote interés y solidaridad. Un detalle de gran humanidad.

LA COOPERACIÓN UNIVERSITARIA AL DESARROLLO Y MÉXICO

(21 de febrero de 2024)

Deseas recordar una vez más que la misión del Patronat Sud-Nord de la Fundación General de la Universidad de Valencia era fomentar y potenciar la cooperación universitaria al desarrollo. Cuando asumiste su presidencia ejecutiva en marzo de 2004, ello se llevaba a cabo básicamente a través de la realización de cursos de posgrado y seminarios, conferencias y publicaciones, becas de estudio e investigación, así como el cofinanciamiento de ciertos proyectos en el marco de los programas apoyados por la Dirección General de Cooperación al Desarrollo de la Generalitat Valenciana. El legado de la familia Manuel Castillo, exiliada en México tras la guerra civil, estuvo en el origen del Patronat Sud-Nord de la Fundación General de la Universidad de Valencia, y su albacea, D. Arturo García Igual, que estuvo exiliado también en México, formaba parte de la junta rectora de dicha institución.

D. Arturo era una persona a la que apreciaste y admiraste mucho. En cierta ocasión te contó que una da las casas donde vivió en México DF estaba en la calle Margaritas. Y en esa calle precisamente residiste tú también en abril de 2004 cuando viajaste por cuarta y última vez a México para impartir clases en la diplomatura en Integración Europea del ITAM. Disfrutaste mucho de tu actividad en ese centro durante una semana con alumnos mexicanos y de otras partes de América Latina, y fuiste invitado a dar una conferencia adicional en la prestigiosa Universidad Autónoma Chapingo cuyo campus ocupaba una antigua hacienda colonial de los jesuitas que posteriormente pasó a ser de propiedad pública. Y así acabó tu experiencia como apóstol de la UE en México, un país que desde entonces tienes metido en tu corazón (pese a todas sus contradicciones).

QUINTA AMPLIACIÓN DE LA UE

(22 de febrero de 2024)

El 1 de mayo de 2004 tuvo lugar la quinta ampliación de la UE con la incorporación, al mismo tiempo, de diez nuevos Estados miembros: dos pequeños países mediterráneos (Malta y Chipre) y ocho países de Europa Central y Oriental (Estonia, Letonia, Lituania, Polonia, la República Checa, Eslovaquia, Hungría y Eslovenia). Se trataba sin duda de un gran salto adelante mediante el cual la Unión pasaba a integrar ya a 25 Estados miembros. Con todo, el proceso de ampliación hacia el Este aún no se había completado, ya que faltaban adherirse otros dos países (Rumanía y Bulgaria) que se hallaban más rezagados en su preparación al respecto. El reto era verdaderamente impresionante, pero se había asumido con determinación porque los mandatarios europeos consideraron dicha ampliación tanto una obligación moral como una oportunidad histórica.

Había que explicar todo esto muy bien a la ciudadanía, y el Centro de Documentación Europea de la Fundación General de la Universidad de Valencia organizó un ciclo de charlas informativas dirigidas a instituciones educativas y asociaciones cívicas extendidas a lo largo del territorio valenciano. Os sumasteis a este quehacer una serie de profesores universitarios entusiastas en el proyecto europeo. Tú venías trabajando sobre este tema desde hacía bastante tiempo. A él tenías dedicado un detallado capítulo del manual que coordinabas de Economía de la UE y unos cuantos artículos en distintas revistas, el más reciente publicado en colaboración con tu amigo Francisco Bataller en *Cuadernos de Economía*.

UNA VOZ DE LA COMISIÓN EUROPEA EN ESPAÑA

(23 de febrero de 2024)

Ayer asististe a una charla que impartió Lucas González Ojeda, director en funciones de la Oficina de Representación de la Comisión Europea en España, con el título de: "La legislatura europea, elecciones y políticas de la UE". Lo hizo en la Facultad de Economía de la Universidad de Valencia, ante un buen número de estudiantes y profesores interesados en el tema. Su punto de partida fue un esquema del sistema institucional de la UE para mostrar el significado que tenían las próximas elecciones al Parlamento Europeo el 9 de junio de 2024. De la composición de esta cámara legislativa derivará la designación de un Presidente de la Comisión Europea y su equipo de Comisarios que ejercerán la función ejecutiva en el gobierno de la UE. Mostró un amplio balance de los logros y dificultades de la acción comunitaria en la legislatura que ahora termina, y apuntó los principales retos que aparecen en el horizonte europeo. Habló con soltura, esforzándose por ser claro y didáctico en su exposición. Ello agradó sin duda a los estudiantes (entre ellos bastantes Erasmus) cuyas preguntas revelaron después dos principales líneas de inquietud: cómo avanzar más y mejor en la transición ecológica de la UE, y cómo reducir en mayor medida el déficit democrático de las instituciones comunitarias para fortalecer la afección ciudadana al proyecto de la UE.

De vuelta a casa, ya por la tarde, asististe a un bonito concierto que dieron los estudiantes de música de los Conservatorios de Llíria y Leiria, una ciudad portuguesa hermanada con la anterior. Era un encuentro organizado en el marco del programa Erasmus de la UE. El concierto, con notable asistencia de público, finalizó con la interpretación coral de un precioso himno portugués compuesto por Mário Nascimento: "Juntamos a Voz". Un himno, con letra de María Helena Veiria, que habla de abrazos y sueños compartidos, de la música y el canto como expresiones de los sentimientos del corazón, de la amistad y el amor: "Juntamos a voz ao abraço amigo/ A música em nós dá sentido ao olhar/ Se canto eu vejo por dentro de ti/ E tu podes vir conmigo anda sonhar".

LA AGRICULTURA Y LA ASOCIACIÓN EUROMEDITERRÁNEA

(24 de febrero de 2024)

De pronto te viene a la mente aquel complejo seminario que el director del Instituto Europeo del Mediterráneo (IEMed), Andreu Claret, os encargó que organizarais a José Mª García Álvarez-Coque y a ti mismo. Se trataba de debatir sobre los retos y las oportunidades que representaba para el sector agrario su progresiva liberalización en el marco de la Asociación Euromediterránea. En realidad, lo que os pidió Andreu Claret es que expusierais los criterios básicos para organizar dicho seminario y que prepararais una ponencia central en torno a la cual pudiese girar aquel debate. Luego vino la hora de pensar en algunos destacados economistas agrarios del norte y el sur del Mediterráneo, así como en algunos relevantes responsables institucionales. Por fin, aquel seminario tuvo lugar en Barcelona, en mayo de 2004, con un resultado bastante fructífero que quedó plasmado en un libro (dirigido por vosotros) que el IEMed publicó algún tiempo después.

Allí se contempló el Mediterráneo como un espacio multipolar donde las relaciones de carácter complementario y competitivo se producían tanto entre los diversos países de la región como en el interior de cada país, y donde la agricultura formaba parte de un amplio sector agroalimentario y como pieza clave del desarrollo rural. Recuerdas que le pasaste toda la información de aquel seminario a tu doctorando egipcio Walid Yehia Sallam, a quién animaste también a presentar ciertas partes de su tesis en ciertos encuentros académicos (como un Coloquio Internacional en torno a las Economías del Mediterráneo y el Mundo Árabe que se celebró por entonces en la Universidad Autónoma de Madrid). Con todo ello, Walid fue capaz de presentar por fin su tesis doctoral (sobre la competitividad el sector agrario de Egipto y el acuerdo de Asociación con la UE) a finales de 2004.

VIAJES A JERUSALÉN Y LONDRES

(25 de febrero de 2024)

Como analista (y "apóstol") de la UE llegaste también a Israel. Fue en junio de 2004, cuando el profesor Alfred Tovias, de la Universidad Hebrea de Jerusalén, te invitó a impartir allí un seminario en el marco de una Cátedra Jean Monnet que le había otorgado la Comisión Europea. En tres sesiones de trabajo, durante una semana, hablaste de la integración de España en la UE, de la ampliación al Este de la UE y de la posición de Turquía en relación a la UE. Resultó de gran interés para ti captar el ambiente de dicha universidad, pero más aún visitar una ciudad y un país tan complejos y tan repletos de historia y de conflictos. Las visitas a la ciudad las hiciste de la mano de Alfred Tovias y algún otro colega de la universidad, mientras que las excursiones fuera de Jerusalén las llevaste a cabo con un taxista palestino que contrataste al respecto y que te ofrecía una visión muy diferente de las cosas.

Qué contraste tan grande encontraste entre aquel viaje a Jerusalén y el que realizaste un par de meses después a Londres para realizar durante una semana un curso intensivo (y especializado) en inglés, aprovechando el apoyo que daba la Facultad de Economía de Valencia a los profesores que impartíais clase en el grupo internacional. De pronto te viste moviéndote por aquella gran ciudad que visitaste por primera vez en el verano de 1967 y que ahora se mostraba tan diferente de entonces, aunque los sitios emblemáticos preservaban su sabor tradicional. Era una extensa urbe a la vez más cosmopolita, multirracial y multicultural, con un alto grado de segmentación social. Un conglomerado humano con un carácter algo más europeo que en el pasado (la habías visitado por última vez diez años atrás), que se hallaba mejor conectada con otras ciudades europeas como París y Bruselas (mediante el tren de alta velocidad). Pero seguía palpándose en la sociedad británica esa idiosincrasia tan celosa de su autonomía frente al continente, lo que te hizo pensar que no iba a ser fácil que el Reino Unido acabara dando su aceptación mayoritaria al proyecto de una Constitución europea.

CONSTITUCIÓN EUROPEA (ACTO 1º): EL ACUERDO

(26 de febrero de 2024)

Vas rememorando distintos episodios del proceso de construcción europea (con tus vivencias en torno a los mismos) y adviertes que ésta ha sido una historia con numerosos éxitos (grandes y pequeños), pero también con notables fracasos. Uno de ellos remite al intento de lograr una Constitución europea.

Cabe referir este episodio como un drama teatral escenificado en dos actos. El primer acto tuvo lugar en Roma, el 29 de octubre de octubre de 2004, cuando en un Consejo Europeo cargado de simbolismo y solemnidad, los mandatarios de los 25 Estados miembros de la UE firmaron el proyecto de un Tratado por el que se establecía una Constitución para Europa. Atrás quedaba el trabajo inicial de la Convención para el Debate sobre el Futuro de Europa, la deliberación posterior de una Conferencia Intergubernamental y, por último, la superación de ciertas desavenencias surgidas en el seno del Consejo Europeo que retrasaron el acuerdo sobre dicho proyecto hasta el mes de junio de 2004. Ahora era preceptivo que la naciente Constitución europea fuera aprobada por el Parlamento Europeo y ratificada por los diferentes países de la Unión.

Todos los europeístas os mantuvisteis atentos a cada paso de ese obligado proceso con las esperanzas en alto. Tú, mientras tanto, continuabas con tu trabajo académico y tu labor al frente del Patronat Sud-Nord de la Fundación General de la Universidad de Valencia. En cuanto al primero, recuerdas especialmente la publicación del artículo "La Política Europea de Vecindad y el desarrollo económico de Marruecos" en la revista *Información Comercial Española*. Y en cuanto a tu presidencia ejecutiva del Patronat, te ves colaborando entonces en distintas actividades con la ONG Intermón Oxfam, el Colegio Mayor Universitario la Coma y la Dirección General de Cooperación al Desarrollo de la Generalitat.

CONSTITUCIÓN EUROPEA (ACTO 2º): EL RECHAZO

(27 de febrero de 2024)

El segundo acto del drama teatral referido a la Constitución europea aconteció gradualmente a lo largo de 2005. El Parlamento Europeo dio un paso positivo hacia adelante cuando el 12 de enero de dicho año aprobó una resolución (por 500 votos a favor, 137 en contra y 40 abstenciones) recomendando a los Estados miembros que ratificaran el Tratado por el que se establecía una Constitución para Europa. Sin embargo, como se sabe, los hechos no sucedieron exactamente de ese modo.

En España se celebró un referéndum a este respecto el 20 de febrero de 2005. De pronto te viste involucrado en la campaña informativa previa que organizó el Centro de Documentación Europea de la Fundación General de la Universidad de Valencia para dar a conocer el contenido e importancia de la Constitución europea. Escribiste en la prensa y participaste en diversos actos institucionales en la ciudad y en comarcas. El resultado final de dicho referéndum en España fue un tanto contradictorio: hubo una clara victoria del sí (el 77%), pero con un bajo porcentaje de participación (el 42%).

Al igual que España, otros países de la Unión (dieciséis en total) ratificaron también la Constitución europea (vía referéndum o acuerdo parlamentario). Pero no lo hicieron así los ciudadanos de Francia y los Países Bajos. En el caso de Francia, el referéndum se celebró el 29 de mayo de 2005 y, con una participación del 70%, un 55% de los votantes franceses rechazaron el Tratado por el que se establecía una Constitución europea. En el caso de los Países Bajos, el referéndum tuvo lugar el 1 de junio de 2005 y, con una participación del 63%, un 61% de los votantes holandeses rechazaron asimismo dicho Tratado. Ello hizo que ya no siguiera adelante el proceso de ratificación de la Constitución europea (evitándose así el pronunciamiento de siete países, el Reino Unido entre ellos). El rechazo de Francia y Holanda era suficiente y provocó una verdadera crisis institucional en la Unión Europea.

RAZONES DEL RECHAZO

(28 de febrero de 2024)

Te preguntaste entonces por las razones que podían explicar aquel rechazo de la ciudadanía francesa y holandesa a la ratificación de la Constitución europea (o el tibio apoyo mostrado en otros países) y pensaste que eran múltiples. Escribiste sobre ello en la prensa. Se había producido un cierto distanciamiento entre la ciudadanía y los dirigentes europeos en el contexto de una situación económica que había empeorado durante los últimos meses en general en Europa, y particularmente en Francia y Alemania. Este último país estaba digiriendo aún con notables dificultades los costes fiscales de su reunificación. Por su parte, el lento crecimiento de la economía francesa comportaba un aumento palpable del malestar social. El no a la Constitución europea en este país era un grito que manifestaba un miedo (fuera cierto o no) a la liberalización de los servicios, a la reducción de las subvenciones agrarias, a las consecuencias de la ampliación al Este de la UE (por ejemplo, en forma de un incremento de los flujos de inmigración) y a la misma globalización (con la que se identificaba erróneamente la integración europea).

Sin duda, la construcción europea había acelerado notablemente la velocidad de su marcha en los últimos años, sobrepasando la comprensión (y capacidad de aceptación) de buena parte de la ciudadanía (tanto en Francia como en muchos otros países de la UE). La Unión ampliada era vista por algunos sectores sociales como culpable de la deslocalización industrial y el desempleo, identificándose la integración europea como una apuesta de los líderes políticos por un liberalismo radical. Estas percepciones (de inseguridad y temor) imperaban en un grupo no reducido de la población, y los mandatarios europeos tenían el desafío de responder adecuadamente a las mismas con políticas de apoyo y mayor pedagogía y diálogo social. Alcanzar un mercado único y una unión monetaria, incorporar los países del Este a la Unión, todo ello podía comportar grandes beneficios (económicos y sociales) al conjunto de Europa, pero necesitaba comunicarse mejor y reforzar las políticas de acompañamiento para neutralizar las consecuencias indeseables. La Constitución europea había pagado los platos rotos de un patente malestar ciudadano. Era tiempo de reflexionar y superar convenientemente la crisis institucional en la que quedó sumida la UE a mediados de 2005 tras el fracaso en el proceso de ratificación del Tratado Constitucional.

TIEMPO DE REFLEXIÓN

(29 de febrero de 2024)

A principios del verano de 2005 dejasteis acabada la quinta edición del manual de Economía de la UE que se publicó en el mes de septiembre. En ella había trabajado el mismo equipo que en la edición anterior, actualizando a fondo los diferentes capítulos del texto. En uno de ellos, elaborado por ti, se analizaba la quinta ampliación realizada recientemente por la Unión, a la espera de ser completada con dos países más (Rumanía y Bulgaria) en un par de años a la vista. Todo ello era previsible. Sin embargo, en aquella edición del manual nada se podía decir sobre cómo resolvería la Unión el fracaso de la Constitución europea. Se vivía un tiempo de silencio y reflexión a este respecto. Quizás el Consejo Europeo decidiera aprovechar el contenido de la misma como base para consensuar (con otro formato) un nuevo Tratado de la Unión. Pero era preciso serenar los ánimos y meditar bien los pasos a seguir antes de tomar nuevas decisiones en esta materia. De otro modo cabía generar una mayor frustración y ahondar en un sentimiento de crisis institucional en la UE.

En aquel delicado contexto, rodeado de cierto pesar e incertidumbre, España quiso celebrar el 20º aniversario de la firma del Tratado de Adhesión con la UE. Sin duda, cabía hacer un balance muy positivo de lo que habían significado para el país esas dos décadas de integración comunitaria. Con motivo de dicha celebración, recuerdas que el Centro de Documentación Europea y el Departamento de Derecho Internacional de la Universidad de Valencia organizaron unas jornadas de debate en las que participaste tú también. Como resultado de las mismas se publicó posteriormente un libro interdisciplinar, editado por Tirant Lo Blanch, coordinado por los profesores Valentín Bou y María Cervera. El Centro de Documentación Europea era, sin duda, muy activo promoviendo actos y publicaciones, siempre con el apoyo e ideas de su técnico documentalista Alfonso Moreira. Otra de las brillantes iniciativas del Centro en 2005 fue el lanzamiento de la revista electrónica *Cuadernos de Integración Europea* en cuyo primer número estuviste asimismo presente.

IV

AMAR UNA EUROPA DIFÍCIL

REMONTANDO LOS ÁNIMOS

(1 de marzo de 2024)

Poco a poco se fueron remontando los ánimos en la Unión Europea. Algunos acuerdos contribuyeron a ello. Por ejemplo, cuando en julio de 2005 se dio un paso adelante en la ronda relativa a los Planes Nacionales de Acción sobre la Inclusión Social cubriendo el período 2005-2006 (como complemento de la Estrategia Europea para el Empleo que se había renovado unos meses antes). O de manera más importante, cuando en diciembre de 2005 el Consejo Europeo logró alcanzar un acuerdo clave sobre el marco presupuestario de la UE para el período 2007-2013, poniendo así las bases para reactivar con eficacia la acción comunitaria en su conjunto.

En otro orden de cosas, también recuerdas que en noviembre de 2005 se celebró el décimo aniversario del lanzamiento de la Asociación Euromediterránea en Barcelona. Se organizaron con ese fin distintas actividades académicas y cívicas. Te viene a la mente un proyecto de investigación Jean Monnet sobre la materia en el que tú participaste junto a Juan Ramón Cuadrado y Teresa Fernández (de la Universidad Alcalá de Henares), así como Francesc Granell (de la Universidad de Barcelona), derivando de ahí una publicación especial. O un libro que coordinó Enrique Banús (del Centro de Estudios Europeos de la Universidad de Navarra) al cual aportaste el capítulo "Construir puentes en el Mediterráneo". O el anuario *Med.2005*, publicado por el Instituto Europeo del Mediterráneo y la Fundación CIDOB, con alguna contribución tuya.

COOPERACIÓN Y GRUPOS VULNERABLES

(2 de marzo de 2024)

Al finalizar el año 2005, tu responsabilidad al frente del Patronat Sud-Nord de la Fundación General de la Universidad de Valencia te llevó a vivir una experiencia muy bonita en el ámbito de la ayuda humanitaria al desarrollo. El Comité Interuniversitario de Cooperación al Desarrollo, del que formaban parte las cinco universidades públicas valencianas y la Dirección General de Cooperación al Desarrollo de la Generalitat Valenciana, os habían encargado a Jorge Cardona y a ti la dirección del I Congreso de Cooperación Internacional al Desarrollo, el cual se realizó por entonces centrado en el análisis de la situación de los grupos sociales más vulnerables. Su objetivo era aportar ideas que pudieran ser útiles en la formulación y gestión de proyectos de cooperación para ayudar a crear sociedades más inclusivas e integradoras

Aquel congreso tuvo un éxito notable, a tenor de la gran participación tanto de personas como de entidades relacionadas con la cooperación al desarrollo de la Comunidad Valenciana, girando su preocupación en torno a tres amplios colectivos de seres humanos especialmente vulnerables en un contexto de pobreza: la mujer y la infancia; las personas de edad avanzada, con discapacidad o con enfermedades crónicas; y las personas pertenecientes a grupos indígenas, refugiados o minorías sociales. Recuerdas que hubo ponentes tan destacados como el profesor David Crocker (de la Universidad de Maryland) o Marguerite Barankitse (Premio Nansen para los refugiados en 2005), así como representantes de importantes organizaciones como ACNUR, PNUD, CEPAL o UNICEF. Y también recuerdas que el conjunto de ponencias y comunicaciones presentados al congreso se publicaron después en un libro que contó con una amplia introducción a cargo de los dos codirectores del mismo. Una emotiva experiencia, por las ideas y las personas que tratasteis, muy en conexión igualmente con la acción solidaria de la UE orientada a apoyar sociedades que valoren la diversidad cultural y respeten la igualdad y la dignidad de todos los seres humanos.

CURSO EN MARRAKECH

(3 de marzo de 2024)

En febrero de 2006 tuviste la oportunidad de viajar nuevamente a Marruecos. En este caso, para participar en un proyecto europeo de cooperación en materia de formación entre universidades del norte y del sur del Mediterráneo. Impartiste un curso semanal sobre la acción exterior de la UE en la Universidad Cadi Ayyad de Marrakech y ello te permitió tanto conocer esa ciudad, que es la capital del sur de Marruecos, como comprobar los cambios que se estaban produciendo en este país tras las reformas introducidas por el rey Mohamed VI. Algo se movía allí, sin duda, aunque la juventud marroquí seguía deseando emigrar hacia Europa.

A la vuelta de aquel viaje pudiste transmitir esas impresiones en un seminario de investigadores del Mediterráneo que tuvo lugar en Barcelona. Por otro lado, en el mes de marzo Ángel García Ortiz presentó en la Universidad de Valencia, bajo tu dirección, su tesis doctoral titulada *Análisis del proceso de privatización de la economía marroquí*. Por entonces el Centro de Documentación Europea de la Fundación General de la Universidad de Valencia lanzó un nuevo número de la revista electrónica *Cuadernos de Integración Europea* que contenía una aportación tuya centrada en la ampliación al Este de la UE. Y en el mes de abril apareció tu libro *Entre global i local, passant per Europa i la Mediterrània*, editado por la Universidad de Valencia. Fue un texto divulgativo que te hizo especial ilusión publicar, basado en buena medida en tus colaboraciones periodísticas. Un texto que contó con un afectuoso prólogo de los profesores Adela Cortina y Jesús Conill y que presentaste en la Feria del Libro de Valencia. Recuerdas muy bien aquella presentación, ya en el mes de mayo. Habías regresado de un viaje apresurado a Madrid para participar en un congreso nacional sobre “Cooperación y Universidad”, en calidad de presidente ejecutivo del Patronat Sud-Nord. Te encontrabas realmente agotado y empezaste a considerar muy seriamente la posibilidad de dejar dicho cargo.

VIAJE A TIARET

(4 de marzo de 2024)

En mayo de 2006 viajaste a Argelia por segunda vez. Esta vez no fuiste a Argel, sino a Tiaret, una importante ciudad (de unos 200.000 habitantes) situada en el interior del país (en la cordillera del Atlas), hacia el noroeste (a unos 150 km de la costa), en un área que había sido muy castigada por el terrorismo yihadista años atrás. El motivo de tu viaje era participar en un coloquio internacional sobre los valores universales en el pensamiento del filósofo e historiador árabe Ibn Jaldún. Sabías un poco de este pensador a través del libro de Yves Lacoste *El nacimiento del Tercer Mundo: Ibn Jaldún* que trabajaste a principio de los años setenta. Ahora este filósofo aparecía como posible puente en el diálogo de civilizaciones entre Europa y la orilla sur del Mediterráneo. Acudiste allí en calidad de presidente ejecutivo del Patronat Sud-Nord de la Fundación General de la Universidad de Valencia, pero acompañado a la vez de representantes de dos ONG valencianas (Jarit y Acció Ecologista Agró) que tenían un proyecto de cooperación con otra ONG de la zona (la Asociación Essalam el Akhadar) para la mejora del medio rural.

El coloquio se celebró en la Facultad de Ciencias Sociales y Humanidades de la Universidad de Tiaret, y te decepcionó bastante porque detectaste allí un ambiente poco abierto y comprometido con el futuro. En cambio, te gustó mucho más la visita a otros centros de la región, como el Instituto de Ciencias Agronómicas y Medioambientales (vinculado a la Universidad) o los locales de la ONG argelina Forem (centrada en la rehabilitación de mujeres y niños víctimas de la violencia en los recientes años de conflicto) y, en general, captar el modo de vida de la gente. Argelia atravesaba entonces una buena coyuntura económica (gracias a la subida en los precios del gas y del petróleo), pero la sociedad parecía atenazada por el autoritarismo y la burocracia. De hecho, el viaje lo recuerdas plagado de notables dificultades prácticas que lo hicieron un tanto penoso y engorroso (en claro contraste con el realizado tres meses antes a Marruecos), aunque las personas se mostraron siempre sumamente amables.

ADIÓS AL PATRONAT SUD-NORD

(5 de marzo de 2024)

Finalizaba el curso 2005-2006 y te viene a la memoria que por entonces participaste en dos eventos conmemorativos del 20º aniversario de la adhesión de España a la Unión Europea. Uno tuvo lugar en Valencia, y consistió en una jornada organizada por la Secretaría Autonómica de Relaciones con la UE donde se analizó la posición de la Comunidad Valenciana en el contexto europeo. Un punto central del debate fue que la Comunidad Valenciana iba a dejar de ser considerada próximamente como región objetivo 1 en el apoyo de los fondos estructurales comunitarios (dentro del marco presupuestario 2007-2013) para pasar a ser calificada como región objetivo 2, lo cual suponía un importante reto. El otro evento tuvo lugar en Barcelona, y consistió en un seminario organizado por el Instituto de Estudios Europeos de la Universidad Autónoma (y el CIDOB) donde se analizó el impacto de la adhesión a la Unión en diferentes ámbitos de la vida española.

Pero, a nivel más personal, recuerdas sobre todo que en junio de 2006 se realizó una jornada en el seno de la Universidad de Valencia para evaluar la forma (y grado de satisfacción) en que ésta llevaba a cabo su acción de cooperación al desarrollo. El punto de partida fue la presentación del libro *La cooperación al desarrollo y las universidades valencianas 2000-2005*, elaborado por Isidro Antuñano y Ximo Revert, con un prólogo tuyo. Aquella fue una intensa jornada donde no faltó la autocrítica y emergieron muchas ideas para mejorar el sistema de cooperación al desarrollo de vuestra universidad. El rector Francisco Tomás se implicó bastante en los debates, cosa que agradeciste y aprovechaste para pedirle una reunión posterior. Le comunicaste en ella tu deseo de no seguir ya al frente del Patronat Sud-Nord. Él se mostró muy comprensivo contigo y acordasteis tu relevo en el mes de noviembre, cuando asumió el cargo como nuevo presidente ejecutivo del Patronat el profesor Joaquín Azagra.

DOS ESPÍRITUS EUROPEOS: ORTEGA Y ZWEIG

(6 de marzo de 2024)

Ayer, en un programa televisivo sobre personajes relevantes, se hizo referencia a la figura de José Ortega y Gasset (1883-1955). De pronto pensaste en él como un espíritu netamente europeo, como un intelectual que defendió una visión europeísta de España a través del valor que dio a la razón y el pensamiento. Hijo de una familia liberal acomodada, tuvo grandes oportunidades para formarse y viajar, pero fue también una persona comprometida con la sociedad de su tiempo para lograr un mundo mejor. Ello lo hizo mediante su docencia y sus escritos periodísticos y filosóficos, componiendo una gran obra bien conocida de todos. Su figura te inspira igualmente un sentimiento de pena y de tristeza. Iniciada la guerra civil española en 1936, hubo de exiliarse en un periplo que lo llevó por París, Holanda, Buenos Aires y Lisboa. En 1945, terminada la Segunda Guerra Mundial, optó por volver a España donde no pudo recuperar su cátedra de filosofía en la Universidad de Madrid y fundó un Instituto de Humanidades en el que impartió su docencia privada. Durante estos años, en cambio, fue en Alemania donde gozó de un justo reconocimiento académico y se le acogió con cierta frecuencia. Finalmente, su fallecimiento se produjo en Madrid en 1955.

¿Por qué la figura de Ortega y Gasset te lleva a recordar de nuevo a la del escritor austriaco Stefan Zweig (1881-1942)? Sin duda, porque se trata de otro espíritu netamente europeo que defendió asimismo una visión europeísta de su propio país. Nacido en el seno de una familia pudiente, ello le permitió igualmente dedicarse a la escritura y a viajar. Conformó su inclinación intelectual a través de estancias en diversas ciudades europeas, sobre todo en París. Iniciada la Primera Guerra Mundial, lanzó de inmediato un grito pacifista en su obra teatral *Jeremías* que constituye una llamada a la unidad de espíritu. Autor de numerosas biografías y novelas en las que llega en profundidad al interior del alma humana, él mismo sufrió un tremendo drama personal. El ascenso de Hitler y el nazismo le condujeron al exilio y a sentir el desgarro de una gran derrota moral. Se estableció en Londres durante tres años, pero después continuó viajando por otros lugares (Estados Unidos, Argentina), hasta que se instaló en Petrópolis (Brasil) donde él y su mujer decidieron suicidarse en 1942. Piensas en la desesperanza que terminó con la vida de estos dos seres humanos y ello te conmueve y te causa un hondo pesar. Tan sólo unos meses después, el balance de la Segunda Guerra Mundial empezó a inclinarse hacia el lado de las fuerzas democráticas.

LUCES Y SOMBRAS

(7 de marzo de 2024)

Ahora vuelves a retomar el hilo cronológico de tus recuerdos europeos y te sitúas en 2007, un año que empezó con algunas novedades importantes que dieron luz y energía al camino de la construcción comunitaria. Así, el 1 de enero se produjo la sexta ampliación de la UE con la incorporación de Rumania y Bulgaria. Estos dos países no habían podido formar parte de la quinta ampliación en 2004 (por no haber avanzado suficientemente entonces en sus reformas institucionales) y ahora lo hacían ya, con lo que se completaba así la ampliación al Este y la Unión alcanzaba 27 Estados miembros. Por otra parte, el 1 de enero de 2007 se iniciaba la operativa del nuevo marco presupuestario plurianual de la UE correspondiente al período 2007-2013, un marco en el cual tendía a reducirse gradualmente la ayuda estructural dirigida a España.

Ello era de esperar, aunque no fuera del gusto de nadie en nuestro país. España había ido elevando su nivel de renta per cápita, mientras la UE acogía a otros países mucho más pobres en los que debía concentrar su solidaridad financiera. En ese contexto, en efecto, la Comunidad Valenciana dejó de ser considerada ya región objetivo 1 para la recepción de los fondos estructurales comunitarios, siendo preciso asumir el nuevo estatus (como región objetivo 2) e impulsar una estrategia de desarrollo más adecuada. ¿Cómo no mencionar aquí el magnífico informe que elaboró con dicho fin el Instituto Valenciano de Investigaciones Económicas (IVIE)?

Su título era *La Comunidad Valenciana ante los nuevos retos de la competitividad*, y recuerdas que lo utilizaste mucho como material en tus clases. El IVIE recomendaba con gran sensatez en este informe orientar los esfuerzos de inversión pública hacia la modernización de la estructura productiva, el cuidado de la sostenibilidad medioambiental y el fomento de la integración social de la inmigración. En definitiva, proponía una estrategia que, más allá de completar determinadas infraestructuras, priorizara ahora especialmente la formación, la investigación y el dinamismo empresarial. Con todo y con ello, la inercia del modelo imperante de desarrollo valenciano, propulsado por el sector de la construcción y otras actividades conexas, era muy poderosa, sin advertir todavía la sombra que planeaba sobre el mismo, dada su enorme vulnerabilidad.

ENCUENTROS EN BARCELONA

(8 de marzo de 2024)

En enero de 2007 recuerdas que pasaste una semana en Barcelona. La dedicaste principalmente a impartir de nuevo un curso en el programa de doctorado "Relaciones Internacionales e Integración Europea" del Instituto Universitario de Estudios Europeos de la Universidad Autónoma. Pero ello lo compaginaste con tu participación en un foro económico sobre las dos riberas del Mediterráneo organizado por el Instituto Europeo del Mediterráneo (IEMed) y la Cámara de Comercio de Barcelona. Para entonces ya no era director general del IEMed Andreu Claret, quien había sido relevado en el cargo por Senén Florensa. Éste era un diplomático con mucha experiencia en el área mediterránea (habiendo sido director general del Instituto de Cooperación con el Mundo Árabe y embajador en Túnez), pero con él ya no tuviste la misma confianza y sintonía que habías tenido antes con Andreu Claret, con lo que se iría aflojando gradualmente tu relación con el IEMed.

De aquella semana en Barcelona te vienen a la mente otras cosas, pero deseas reseñar ahora solamente tres. La tertulia en torno a un texto del profesor Vicenç Navarro (de la Universidad Pompeu Fabra) sobre "La crisis de la Europa social", donde se alertaba de los riesgos de la precariedad y la desigualdad social en la UE como fuente de inseguridad y caldo de cultivo de los movimientos antisistema y de extrema derecha. La visita a la conocida librería de viejo "Canuda" donde compraste, entre otros, el texto *Geografía del subdesarrollo*, de Yves Lacoste, que trabajaste a principio de los años setenta. Y la noticia de la muerte del escritor y periodista polaco Ryszard Kapuscinski, a los 74 años, que había sido Premio Príncipe de Asturias de Humanidades en 2003. Un autor de quien llegaste a leer con sumo placer dos excelentes libros: *Ébano* (una colección de reportajes sobre África) y *Viajes con Heródoto* (un relato de su formación inicial y encuentro con otras culturas).

CINCUENTENARIO DEL TRATADO DE ROMA

(9 de marzo de 2024)

El 25 marzo de 2007 la UE celebró con todos los honores el 50° aniversario de la firma del Tratado de Roma que sentó las bases de su realidad actual. De los seis países iniciales, ahora los integrantes del proyecto europeo habían pasado a ser 27. El documento conmemorativo hacía énfasis en que: "aunque tenemos culturas, lenguas y tradiciones diferentes, nuestra unidad se basa en valores comunes: libertad, democracia, Estado de derecho, respeto de los derechos humanos e igualdad". A Alemania correspondía aquel semestre la presidencia rotatoria del Consejo de la UE y puso todo su empeño en aprovechar la celebración para impulsar hacia adelante el proyecto europeo. Con tal fin hizo eficaces gestiones para superar la crisis institucional tras el fracaso en la aprobación de la Constitución europea. Forjó así un nuevo consenso en el tema y llevó al Consejo Europeo de junio de 2007 un acuerdo de mandato de revisión del Tratado de la UE. Fruto de ello sería después la aprobación del Tratado de Lisboa

Las celebraciones del cincuentenario del Tratado de Roma se extendieron por todos los países europeos con diferente tipo de actos. Tu participaste en uno de ellos, realizado en Valencia, que consistió en una mesa redonda con la participación de otros profesores universitarios y representantes del gobierno autonómico y el Parlamento Europeo. Una mesa en que los temas que se trataron no miraron tanto al pasado como al presente y a los retos de futuro. Las cosas marchaban entonces aparentemente bien en nuestro país. Nos hallábamos en el último año de una larga etapa de expansión económica y los problemas se revelaron más tarde. Por aquellos días tú participaste también, junto a Isidro Antuñano, en el V Congreso Nacional sobre la Inmigración en España que se realizó en Valencia organizado por la Universidad y el CEIM, siendo sus directores Joaquín García Roca y Joan Lacomba. Un congreso que tuvo una notable repercusión social, buscando inspirar unas políticas adecuadas tanto de integración de los inmigrantes como de cooperación al desarrollo con los países de origen.

UNA RAZÓN CORDIAL EUROPEA

(10 de marzo de 2024)

En este contexto de tus recuerdos europeos, a la altura del primer trimestre de 2007, te viene a la mente la concesión del XIII Premio Internacional de Ensayo Jovellanos al libro de Adela Cortina *Ética de la razón cordial.* Admirabas y apreciabas mucho a Adela Cortina, tanto como a su marido Jesús Conill. Ambos te habían ayudado mucho en el proceso de comprensión de la realidad social. En el ensayo premiado, la profesora Cortina proponía una ética de la ciudadanía fundamentada en la educación, la racionalidad y una cordialidad que combinara inteligencia y sentimientos. Te atrajo mucho aquella idea que luego fue profundizando y ampliando en otros trabajos, como por ejemplo en el libro *Ética cosmopolita* (publicado en 2021). Una idea, cimentada en el patriotismo constitucional de J. Habermas, que te pareció tan aplicable al proyecto de construcción europea.

Sin duda, siempre conviene recurrir a un ejercicio y desarrollo de la razón cordial. Somos un "nosotros", seres interdependientes en cualquier escala social en que nos situemos, desde la local a la global, pasando por la regional, la nacional y la europea. Necesitamos la razón cordial, la razón filtrada por el corazón. A la postre, la democracia consiste en un entramado de razón y sentimientos, y requiere la adhesión a unos mínimos compromisos, principios y valores compartidos. Unos mínimos de justicia irrenunciables para preservar un grado aceptable de humanidad en nuestra sociedad. Precisamos de una amistad cívica que haga fuerte a una ciudadanía democrática. Una ciudadanía comprometida en la buena gobernanza del Estado nacional, la Unión Europea y el entorno global. En definitiva, la construcción europea ha de fundamentarse en una ética cívica cordial, una ética cosmopolita compartida por todos los ciudadanos de la Unión, siendo la educación (en valores) clave a todo este respecto.

CIUDADANÍA E IDENTIDAD PLURAL

(11 de marzo de 2024)

Pensabas en todo lo anterior cuando se había acabado de celebrar el cincuentenario del Tratado de Roma y los líderes europeos deseaban alumbrar un nuevo Tratado de la Unión que fuera satisfactorio para sus diferentes países y la mayor parte de la ciudadanía europea. Un tiempo en el que terminaste el curso académico, viajaste algunas veces a Madrid y Barcelona y participaste en otras actividades, como la Universitat d'Estiu de Gandía en su edición de 2007. En ésta, precisamente, diste una charla en la que te serviste generosamente de las ideas expuestas por Amartya Sen en su reciente libro *Identidad y violencia*. Un libro que conectaba en buena medida con el de Amin Maalouf, *Identidades asesinas*.

Ello venía a cuento del concepto de ciudadanía: las personas como seres libres y responsables, que conviven con otras personas con diferentes ideas y creencias en el marco de una Constitución. Y aquí encajaba el concepto de identidad plural que ahora aportaba Sen (como antes lo hiciera Maalouf). El género, el origen geográfico, la profesión, las orientaciones políticas, las aficiones culturales o deportivas, las creencias religiosas u otros compromisos sociales, se trata de un conjunto de categorías que, junto a otras, definen nuestra identidad personal, sin que ninguna de ellas (como la nacionalidad o la religión) la determine en exclusiva. De este modo, salta por los aires la teoría del choque de civilizaciones o cualquier planteamiento fundamentalista del tema. De ahí la importancia del concepto de ciudadanía y de la democracia como un sistema cuyo valor reside, más allá de las elecciones periódicas, en el uso del razonamiento, la deliberación y el debate público para encarar los problemas ciudadanos. Y de ahí la importancia de la educación en valores para forjar una ciudadanía activa y responsable, con libertad de pensamiento y capacidad de elección.

VISITA DEL COMISARIO ALMUNIA

(12 de marzo de 2024)

En octubre 2007 tuvisteis la visita en la Facultad de Economía de la Universidad de Valencia de Joaquín Almunia, Comisario de Asuntos Económicos y Monetarios de la Unión Europea. Vino a impartir la conferencia de clausura de unas Jornadas nacionales de Políticas Económica que había organizado vuestro Departamento (contigo y Antonio Sánchez al frente) en el marco del 40º Aniversario de la creación de la Facultad. El Comisario Almunia se mostró como una persona sencilla y próxima que habló con sosiego y autoridad sobre la evolución de la unión monetaria europea (en los nueve años de su existencia). Aunque subrayó los beneficios alcanzados por el euro, no eludió las exigencias pendientes ni los posibles riesgos a la vista. En ese sentido, destacó la necesidad de completar la unión monetaria con una mayor unidad económica y potenciar la estrategia europea para el empleo. Asimismo, aludió a la exigencia que tenía España de mejorar sus niveles de productividad y aumentar considerablemente su inversión en capital humano y tecnológico.

Te viene todo esto por la cabeza y consideras que en aquellos momentos aún no erais del todo conscientes de la magnitud de la crisis financiera que se acababa de producir en los Estados Unidos (la más grave desde el Crack de 1929) ni del impacto que ésta tendría sobre el conjunto de Europa, arrastrándola a una Gran Recesión. Las Jornadas de Política Económica terminaron felizmente aquel mes de octubre de 2007, del mismo modo que lo hicieron en diciembre la serie de actos conmemorativos del 40º Aniversario de la creación de la Facultad, quedando constancia de ambos acontecimientos en dos interesantes libros. Ahora bien, el viento del ciclo económico estaba cambiando ya entonces y no sabíais todavía la dureza de la crisis que teníais por delante.

TRATADO DE LISBOA

(13 de marzo de 2024)

Por fin, los principales mandatarios europeos fueron capaces de aprobar un nuevo Tratado de la UE en el Consejo Europeo celebrado en Lisboa el 19 de octubre de 2007. El Tratado fue firmado en esa misma ciudad en el mes de diciembre, con la perspectiva de su ratificación en los diferentes países a lo largo de 2008 y su posible entrada en vigor antes de las elecciones al Parlamento Europeo de junio de 2009. Con ello se daba por cerrada la crisis institucional que derivó del fracaso de poder alcanzar una Constitución europea.

¿En qué consistía ese nuevo Tratado de la UE, conocido como el Tratado de Lisboa, que es el que actualmente sigue en vigor? El Tratado reformaba los anteriores Tratados (el último era el de Niza) incorporando una gran parte de la no ratificada Constitución europea. Eso sí, se eliminaban todos los rasgos de ésta que podían hacer pensar en la UE como una estructura de carácter puramente federal. Ahora bien, se otorgaba personalidad jurídica a la Unión y se dotaba de una mayor eficacia y legitimidad democrática a su sistema institucional. Aumentaba, por ejemplo, el grupo de decisiones que se adoptaban por mayoría cualificada (no siendo necesaria la unanimidad) y se revisaba la composición de la Comisión y la designación de su Presidente. En definitiva, la UE se equipaba con unas instituciones más sólidas y capaces de actuar, a la vez que se clarificaban sus objetivos y la delimitación de competencias entre diferentes niveles de gobierno.

Piensas en todo esto, cuando empezaba el año 2008 y teníais en marcha una nueva edición del manual de Economía de la UE el equipo de compañeros comprometidos en el mismo. Cada uno de vosotros estaba atento a la evolución y novedades que presentaba la materia correspondiente al capítulo que tenía asignado en el manual. La meta era publicar la nueva edición del texto (la sexta) en el mes de septiembre.

RETOS EUROPEOS

(14 de marzo de 2024)

Te sitúas en el primer semestre de 2008 y recuerdas que fueron muchas las cosas que sucedieron entonces. Una de ellas, muy personal, fue el fallecimiento de tu padre. Sentiste necesidad de escribir sobre ello y enviaste un breve artículo al periódico. No era extraño que lo hicieras: por entonces escribías con regularidad en la prensa sobre temas muy diversos, aunque ocupando siempre un lugar central el ámbito europeo. Por ejemplo, escribiste sobre la reciente reforma de la PAC que trataba de apoyar una conveniente reconversión del sector agrario y el desarrollo del medio rural. Escribiste sobre la política migratoria aludiendo a tres componentes esenciales de la misma: la regulación de los flujos migratorios, la integración social de los inmigrantes y la cooperación al desarrollo con los países de origen. Escribiste sobre las posiciones que mostraban distintos pensadores europeos (como el sociólogo británico Anthony Giddens, o el politólogo francés Sami Naïr) sobre los principales retos del momento.

Aquél empezaba a ser ya un escenario de patente crisis económica en el conjunto de Europa. La crisis financiera iniciada en los Estados Unidos había precipitado el final de una enorme burbuja inmobiliaria existente en distintos países (España entre ellos), con el consiguiente frenazo del crecimiento económico y aumento del desempleo. Estaba por ver cómo encajaría la unión monetaria esta primera gran crisis que atravesaba (justo cuando el Banco Central Europeo conmemoraba el 10º año de su creación) y cómo serían capaces de sortear la misma los diferentes países comunitarios (cada uno con sus propias características). Este era un gran reto de la UE a corto y medio plazo, junto a otros desafíos en curso (como ir asimilando poco a poco la difícil ampliación al Este que había llevado a cabo recientemente). De todo ello hablabas en la prensa, en tus clases y en algunos viajes que realizaste. Entre estos, recuerdas particularmente dos: uno en invierno a Bilbao, para participar en un Máster de Integración Económica de la Universidad del País Vasco; y otro en primavera a Pamplona, para impartir una conferencia en el ciclo del Centro de Estudios Europeos de la Universidad de Navarra. Aquí, por cierto, te encontraste con la grata sorpresa de recibir una distinción honorífica que te satisfizo y apreciaste realmente mucho.

SUSTO EN IRLANDA

(15 de marzo de 2024)

Cuando el proceso de ratificación del Tratado de Lisboa parecía que avanzaba de forma positiva y fluida en los diferentes países europeos, de pronto surgió el obstáculo de Irlanda. En junio de 2008, mediante referéndum nacional, una mayoría de los votantes irlandeses (el 53%) rechazaron dicho Tratado. Hubo una extraña mezcla de posiciones tras este rechazo: desde los que argüían (falsamente) que el nuevo Tratado de la UE conduciría a legalizar el aborto en Irlanda o a perder su neutralidad militar, hasta los que temían una pérdida de ventajas y capacidad de decisión de este país en la UE. El gobierno y los partidarios del "sí" no supieron explicar bien las cosas. Ello obligó a realizar algunos retoques en el Tratado de Lisboa, tras los cuales tuvo lugar una nueva votación en Irlanda en octubre de 2009, esta vez favorable (con el respaldo del 67% de los votantes), y el Tratado pudo entrar por fin en vigor en la UE en diciembre de dicho año.

Recuerdas que la posición irlandesa sobre el Tratado de Lisboa te tuvo en ascuas durante el verano de 2008, cuando estabas corrigiendo las pruebas de imprenta de la nueva edición del manual de Economía de la UE (la sexta) que se publicó en septiembre (con el mismo equipo de autores que en la edición anterior). Y por entonces, justamente, viajaste a Irlanda. Fuiste a Dublín para realizar durante una semana un curso intensivo de inglés (con el apoyo que prestaba la Facultad a los profesores del grupo internacional). Allí te encontraste con Seamas Campbell, un excelente profesor irlandés radicado en Valencia. Él fue tu guía y tu principal interlocutor sobre la situación del país. Irlanda había experimentado un extraordinario desarrollo durante las últimas décadas (como miembro de la UE), pero recientemente se había visto envuelto (al igual que España) en una endiablada burbuja inmobiliaria que acababa de estallar. Y la crisis le afectaba ahora con suma dureza (tanto como a nosotros).

UN MUNDO CONVULSO

(16 de marzo de 2024)

La crisis económica se fue agudizando en España en la segunda mitad del año 2008, dejando un sabor muy amargo sus graves consecuencias sociales. Lo reflejaba el tono de tus artículos en la prensa. Para postres, el contexto internacional se mostraba ahora más convulso en el ámbito de la seguridad. Así, en agosto de 2008 Putin se saltó por primera vez los principios del orden establecido tras el fin de la 2ª Guerra Mundial y envió sus tropas a Georgia para invadir los territorios de Osetia del Sur y Abjasia. Con ello Rusia se exhibió por sorpresa como una gran potencia militar y evidenció la vulnerabilidad del sistema multilateral actual.

El peligro de cualquier guerra, además de las acciones terroristas, amenazaban la paz y la estabilidad en el mundo posterior a la caída del muro de Berlín. Como señala Timothy Garton Ash en su libro sobre Europa, algo empujaba a Rusia hacia su confrontación con Occidente. Algo que aumentó más aún tras las ampliaciones de la UE hacia el Este en 2004 y 2007. Unas ampliaciones que fueron acompañadas con unos acuerdos de asociación con otros países como Ucrania, Georgia, Bielorrusia y Moldavia. Todo ello no gustaba en absoluto a Putin que para entonces hizo ya explícitos sus deseos de recuperar para Rusia el dominio sobre territorios que habían formado parte de su imperio en el pasado. Aprovechó así el tiempo en que Occidente luchaba contra los efectos de la crisis financiera para avanzar en esa dirección. Mientras tanto, China prosperaba a su vez como otro Estado totalitario.

Te parece de gran interés el análisis de Garton Ash sobre Rusia, pero te paras ahí y ahora prefieres pensar sobre aquel final del año 2008 en que el mundo afrontaba diferentes riesgos de modo simultáneo: la degradación del medio ambiente como consecuencia del cambio climático, el desarrollo desigual y las disparidades territoriales de renta y bienestar, la crisis económica en Occidente (particularmente grave en determinados países de la UE) y la escalada de las tensiones internacionales (vinculada a la falta de confianza y entendimiento entre ciertos países).

Sin duda, se trataba de un difícil contexto que invitaba a reforzar el diálogo y la cooperación global haciendo servir las instituciones multilaterales. Hablaste sobre algunos de estos puntos en tus actividades de aquel momento en Valencia o en otros lugares, como la Universidad Internacional de Andalucía (en su sede de Santa María de la Rábida) o el IEMed de Barcelona (donde tu colaboración llegó a su final).

EN EL DÉCIMO ANIVERSARIO DEL EURO

(17 de marzo de 2024)

En el inicio de 2009 la UE celebró el décimo aniversario de la creación de la moneda única. A los once Estados que formaron la zona euro veinte años atrás (Alemania, Austria, Bélgica, España, Finlandia, Francia, Irlanda, Italia, Luxemburgo, Países Bajos y Portugal) se habían ido uniendo después otros (Grecia en 2001, Eslovenia en 2007, Malta y Chipre en 2008, y Eslovaquia en aquel mismo momento). Recuerdas que con motivo de aquella conmemoración se elaboraron diversos informes (como el de la Comisión Europea o el FMI) que mostraban un balance bastante positivo de la unión monetaria europea. Hubo, en cambio, algún otro informe (como el de la Fundación Bruegel) que subrayó sus insuficiencias (faltaba lograr una mayor unidad política y económica para dar más solidez a la moneda única).

En el capítulo dedicado a esta materia en el manual de Economía de la UE, María Amparo Camarero y Cecilio Tamarit señalaban que, junto a dichas insuficiencias, la falta de aplicación de unas adecuadas políticas estructurales había provocado una evolución divergente en los niveles de productividad y competitividad de los distintos países europeos, lo cual se manifestaba en el signo de sus balanzas comerciales. Así, mientras Alemania, Finlandia y Austria ganaron en competitividad y experimentaron un superávit en sus balanzas por cuenta corriente, otros países como Grecia, Portugal y España se comportaron en sentido contrario (perdieron competitividad y alcanzaron unos elevados déficits exteriores).

Todo ello se hizo patente cuando llegó la crisis económica, que impactó con especial severidad en los países más vulnerables. Europa en su conjunto (y España en particular) reaccionó de manera inmediata con unas políticas presupuestarias de carácter expansivo (que elevaban el déficit y endeudamiento público). Pero no se trataba de una crisis pasajera. Poco a poco se fue teniendo conciencia de estar padeciendo una gran recesión. Te viene a la memoria que en el Gobierno de J. L. Rodríguez Zapatero hubo discrepancias sobre cómo afrontar dicha situación, y en el mes de abril de 2009 dejó de ser ministro de Economía Pedro Solbes y fue relevado en el cargo por Elena Salgado.

PROFESORES Y DISCÍPULOS

(18 de marzo de 2024)

A principios de 2009 te llegó la noticia del fallecimiento de José Jiménez Blanco, catedrático de Sociología. Fue profesor tuyo en el curso académico 1968-1969, momento en que también era decano de la recién creada Facultad de Ciencias Económicas de la Universidad de Valencia. Qué grato recuerdo te dejaron sus valiosas enseñanzas aquel curso (como también las del profesor Jordi Nadal, catedrático de Historia Económica). Te impactaron especialmente sus lecciones sobre la sociedad, los grupos humanos, la cultura y la estratificación social. Luego se fue a la Universidad Autónoma de Madrid donde se jubiló en el año 2000.

Pensabas en lo curiosas que resultan las relaciones educativas, y en la impronta que dejan a veces los profesores en sus alumnos (sin que aquellos lo adviertan con frecuencia), cuando en febrero de 2009 acompañabas a un discípulo tuyo a quien habías dirigido su tesis doctoral y la presentaba entonces precisamente en la Universidad Autónoma de Madrid. Se trataba de Mahamat K. Dodo, de la República Centroafricana. Éste había hecho sus cursos de doctorado en dicha universidad, pero un compañero de la misma te lo envió a continuación a Valencia para que trabajase contigo en su proyecto de investigación (sobre el comercio del plátano y la UE). Os hicisteis buenos amigos, y aprendiste mucho de M. K. Dodo sobre la vida en el continente africano. Luego él emigró a los

Estados Unidos y se adaptó con gran voluntad a aquel ambiente social. Tal vez se seguirá acordando de ti tanto como tú te acuerdas a él.

LA NOBLEZA DE RALF DAHRENDORF Y VÍCTOR FUENTES

(19 de marzo de 2024)

En su libro sobre Europa, Timothy Garton Ash hace un gran elogio de su maestro Ralf Dahrendorf que falleció en junio de 2009. Este sociólogo alemán, especialista en el tema del conflicto social, fue profesor en la London School of Economics y luego en la Universidad de Oxford. Garton Ash lo describe como un liberal de inteligencia afilada, un hombre de diálogo, tolerancia y moderación, perteneciente a la generación de europeos que vivió los horrores del nazismo y la Segunda Guerra Mundial. Un liberal que, sin embargo, en la tradición que marcó desde el siglo XIX John Stuart Mill, reivindicaba unas condiciones sociales y económicas mínimas sin las cuales los seres humanos no pueden ser verdaderamente libres (al carecer de igualdad de oportunidades en la vida). Un punto de vista interesante cuando, al final de su vida, la crisis financiera estaba creando tanta pobreza y desigualdad en el seno de las sociedades occidentales.

Y en junio de 2009 también tú deseaste hacer un elogio de tu compañero de Facultad (y verdadero maestro) el profesor Víctor Fuentes Prósper. Persona de enorme nobleza con quien compartiste amistad, enseñanza e intensa reflexión sobre la Unión Europea. Víctor dio aquel mes su última clase antes de jubilarse. Profesor ejemplar, trabajador incansable, siempre documentado al máximo, generoso y servicial con sus compañeros y sus alumnos. Te consta cuánto le apreciaban los estudiantes, promoción tras promoción, rindiéndole tanto admiración como inmensa gratitud. ¿Puede pedir más un enseñante bueno y responsable?

ECONOMISTAS Y FILÓSOFOS

(20 de marzo de 2024)

Y si se habla de nobleza, por qué no traer aquí a colación a Jesús Conill, catedrático de Filosofía Moral y autor en 2004 del libro *Horizontes de economía ética*. Éste se acercó a verte un día en el verano de 2009 para proponerte una tertulia entre economistas y filósofos. La tuvisteis, ciertamente. Los colegas filósofos querían saber lo que vosotros, los economistas, pensabais sobre la grave crisis económica de aquel momento. Vuestra respuesta revelaba un cierto desconcierto: no teniasis recetas mágicas, vuestra disciplina era una caja de herramientas a la que solo se podía recurrir con cautela para resolver tentativamente los problemas económicos; era una disciplina que analizaba los comportamientos humanos en el ámbito económico, y los reajustes necesitaban un tiempo y comportaban unos inevitables costes sociales. Tú mismo sentías un poco de vergüenza ante su mirada condescendiente. Porque muy a menudo la Economía se había mostrado altiva y prepotente ante las otras ciencias sociales. Y, sin embargo, era evidente la necesidad que había de un diálogo con esas disciplinas para acertar en el diagnóstico sobre los problemas que se padecían y las medidas para hacerles frente. Sobraba soberbia y faltaba humildad.

Alguno de vosotros se atrevió a señalar que el keynesianismo fue la respuesta a la gran depresión de los años treinta del siglo XX, y que el mismo keynesianismo se tuvo que replantear después cuando aconteció la crisis de los años setenta. Pero ahora, tras el exceso de confianza en la desregulación y el libre juego de las fuerzas de mercado (que había alimentado una gran voracidad en los medios financieros e inmobiliarios), quizás era tiempo para volver a poner un mayor orden en la evolución de las cosas y establecer unas bases éticas más sólidas en el sistema económico (con el fin de lograr de forma compatible unos objetivos deseables de eficiencia, estabilidad y equidad). Según los filósofos, la meta principal de la Economía había de ser mejorar la vida de las personas (esto es, conseguir un desarrollo humano sostenible) y os recordaron la procedencia histórica de vuestra disciplina de la Filosofía Moral. Un buen ejemplo de quehacer compartido entre economistas y filósofos lo ofrecía el libro *Pobreza y libertad*, publicado aquel año 2009 bajo la dirección de Adela Cortina y Gustavo Pereira. Un libro al que tu contribuiste con un capítulo ("Políticas en pro de un desarrollo humano") realizado en colaboración con Marta Pedrajas. Un libro que apostaba por un diálogo interdisciplinar, con el enfoque de Amartya Sen, para enfrentarse en este caso al problema de la pobreza.

OTOÑO EUROPEO

(21 de marzo de 2024)

En octubre de 2009, iniciado ya el nuevo curso académico, el segundo referéndum irlandés validó por fin el Tratado de Lisboa (y éste pudo entrar en vigor el 1 de diciembre). Empezaba también una nueva legislatura europea tras las elecciones llevadas a cabo al Parlamento Europeo el pasado mes junio. En clase comentabas todas estas cosas con tus estudiantes con el fin de motivarles y acrecentar su interés por la UE. Les hiciste saber que las primeras elecciones al Parlamento Europeo se celebraron en 1979 con un índice de participación del 64%. Desde entonces se habían ido celebrando dichas elecciones cada cinco años con una tendencia descendente en el índice de participación. Así, en las recientes elecciones de 2009 la participación fue del orden del 43%. Interrogaste a tus alumnos sobre las razones que podían explicar esa pasividad electoral y su repuesta se centró en el poco conocimiento que los ciudadanos europeos tenían generalmente del tema, y también en el uso que los partidos políticos hacían frecuentemente de tales elecciones, dándoles un carácter más nacional que comunitario.

La nueva legislatura europea que comenzaba aquel otoño de 2009 presentaba un Parlamento Europeo en el que los principales grupos políticos eran todavía el popular y el socialista, pero donde tenían también una presencia importante otros grupos (como los liberales, los verdes, los conservadores o la izquierda) y había aumentado a su vez el número de eurodiputados ultranacionalistas y euroescépticos. Como resultado de la composición de la cámara, fue ratificado como presidente de la Comisión Europea el portugués José Manuel Durao Barroso (del partido popular europeo), repitiendo el mandato que ya tenía en la legislatura anterior. El nuevo curso académico iba ya en marcha, y también la nueva legislatura europea, y en las clases revisabas con tus alumnos algunos de los temas de mayor inquietud ciudadana: la acción contra la crisis económica, la mejora del marco regulador del sistema financiero, la preservación del modelo social europeo, la eficiencia energética y la respuesta ante el cambio climático, la inmigración, la agricultura y la política exterior de la UE.

4ª PRESIDENCIA ESPAÑOLA DEL CONSEJO DE LA UE

(22 de marzo de 2024)

Durante el primer semestre de 2010 a España le correspondió ejercer de nuevo la presidencia rotatoria del Consejo de la UE. Era la cuarta vez que el Gobierno español desempeñaba tal responsabilidad (lo había hecho anteriormente en 1989, 1995 y 2002). En enero de 2010 la situación económica del país era ya muy delicada y el Gobierno de J. L. Rodríguez Zapatero se propuso adoptar unas medidas efectivas de austeridad presupuestaria y reforma del mercado laboral, promoviendo el diálogo entre la patronal y los sindicatos. Por entonces, con la grave crisis de la deuda soberana que se manifestó en Grecia, los mandatarios europeos empezaron a reconocer las carencias importantes que presentaba la unión monetaria europea y la necesidad urgente de repararlas. Para afrontar una situación tan compleja como aquella no se contaba con mecanismos de coordinación de las políticas económicas nacionales suficientemente potentes ni, ciertamente, con ningún instrumento financiero de apoyo común.

El pesimismo dominaba en aquel tiempo al conjunto de la sociedad europea y, en particular, a la española. Con todo, el Centro de Documentación Europea de la Fundación General de la Universidad de Valencia organizó unas jornadas (con motivo de la entrada en vigor del Tratado de Lisboa y la presidencia española del Consejo de la UE) con un título tan entusiasta como éste: "Europa empieza hoy". Ello te maravilla y provoca en ti una sonrisa con sólo recordarlo. Participaste en aquel ciclo de conferencias junto a otros muchos compañeros de la Universidad. Qué lejos quedaban algunos libros escritos poco antes y que en ese momento semejaban repletos de un exagerado optimismo, como el del sociólogo americano Jeremy Rifkin *El sueño europeo: cómo la visión europea del futuro está eclipsando el sueño americano* (2004), o el del politólogo británico Mark Leonard *Por qué Europa liderará el siglo XXI* (2005). Pero el ciclo organizado por el Centro de Documentación Europea estaba planteado con una perspectiva realista y constructiva, reconociendo las grandes dificultades que había a la vista. En palabras de Mario Benedetti: "Cuando creíamos que teníamos todas las respuestas, de pronto cambiaron todas las preguntas".

VIAJES A FLORENCIA Y BRUSELAS

(23 de marzo de 2024)

El año 2010 había sido declarado por la UE "Año Europeo de Lucha contra la Pobreza y la Exclusión Social". Hacía ya tiempo que los dirigentes europeos estaban comprometidos con dicha lucha, pero la pobreza y la exclusión social se mostraban muy difíciles de erradicar tanto en la misma Europa como, por supuesto, en el mundo en su conjunto. En la UE venía operando una estrategia de desarrollo que subrayaba la meta de la cohesión social, y en el contexto mundial se venía implementando desde el año 2000 la llamada Agenda del Milenio (cuyo primer objetivo era eliminar el hambre y la pobreza extrema). La crisis había intensificado los problemas sociales (europeos y mundiales) y, a la vez, hacía más difícil orientar recursos para las políticas que trataban de enfrentarlos.

En ese contexto, a principios del año 2010, recuerdas que recibiste la propuesta de formar parte del grupo de asesores externos del *Informe Europeo sobre Desarrollo* de dicho año (un informe que se elaboraba anualmente y servía para orientar las decisiones de la Comisión Europea en materia de cooperación al desarrollo). Sin duda, la propuesta (que aceptaste encantado) te llegó a sugerencia de Marta Pedrajas, que trabajaba entonces en la Secretaría General de Cooperación al Desarrollo del Gobierno de España. El *Informe Europeo de Desarrollo 2010* había sido encargado por la Comisión Europea a un equipo de trabajo dirigido por la profesora Georgia Giovanneti, del Instituto Europeo de Florencia. Así pues, en febrero de aquel año viajaste a Florencia para participar en un primer encuentro centrado en las ideas básicas de dicho informe. Y en marzo viajaste a Bruselas para participar en un segundo encuentro referido a la estructura de tal informe. Por supuesto, aprendiste mucho de aquellos debates y aprovechaste los viajes tanto para conocer Florencia como para visitar nuevamente la capital de la UE. Aquí te comprometiste a volver en noviembre para participar en un último encuentro dedicado a debatir el borrador final del Informe Europeo sobre Desarrollo 2010.

UN MECANISMO EUROPEO FRENTE A LA CRISIS

(24 de marzo de 2024)

Ante el deterioro tan preocupante de la situación económica en la UE, los líderes comunitarios decidieron por fin adoptar una serie de medidas contundentes y avanzar hacia un nuevo sistema de gobernanza de la zona euro. Así, entre otros acuerdos, en el trascendental Consejo Europeo celebrado en Bruselas del 7 al 9 de mayo de 2009, se resolvió crear un Mecanismo Europeo de Estabilidad Financiera (dotado con 750.000 millones de euros) y ponerlo a disposición de los países con problemas económicos más agudos (como era el caso de Grecia, España, Portugal e Irlanda). Estos países responderían a dicho apoyo con el compromiso de aplicar unos serios y rigurosos programas de ajuste económico.

Recuerdas entonces que, haciendo de tripas corazón, el presidente J. L. Rodríguez Zapatero asumió que debía llevar a cabo un duro plan de ajuste en la economía española (dado el elevado peso del déficit público y las dificultades de financiación) para evitar un rescate similar al que había tenido lugar un poco antes en Grecia. Lo contó él mismo, en su libro *El dilema*, con estas palabras: "O recortabas, o podías alimentar la espiral de la falta de solvencia, del riesgo sobre el cumplimiento de nuestros compromisos de deuda. No había un camino intermedio".

PROBLEMAS DE FONDO DEL PAÍS

(25 de marzo de 2024)

A la postre, España había desembocado en una grave crisis económica y ésta tenía un notable carácter estructural (dada la desproporcionada importancia adquirida por la construcción y el sector inmobiliario en su modelo de desarrollo). Había imperado así en el país una determinada forma de hacer y de pensar que ahora era preciso rectificar para poder superar los preocupantes problemas de fondo. ¿Y cuáles eran estos problemas?

Con relación a esta pregunta, no olvidas el libro que por entonces escribieron dos compañeros de la Facultad de Economía de la Universidad de Valencia, Aurelio Martínez Estévez y Vicente Pallardó López, que te pareció tremendamente lúcido y brillante: *Los siete pecados capitales de la economía española. De la euforia al rescate*. En él se analizaban los graves comportamientos en que incurrió el sistema económico español en la fase expansiva del ciclo, los cuales estaban en la base de la compleja y aguda crisis que se manifestó a continuación: la voracidad con la que el sector privado consumió recursos del exterior, generándose una enorme deuda que ahora pesaba de forma drástica sobre las familias y las empresas; la falta de prudencia y profesionalidad que observó el sector bancario en sus operaciones financieras, y el grado insuficiente de control y planificación de las administraciones públicas en el uso que hicieron de los recursos fiscales. El texto proponía también unas imprescindibles reformas a realizar y sugería una vía de ajuste compatible con el estímulo del crecimiento (fomentando los esfuerzos de transformación de los agentes socioeconómicos).

Todo ello encajaba adecuadamente con las recomendaciones que hacía la Comisión Europea al Gobierno de España en el marco del Mecanismo Europeo de Estabilidad Financiera, y también con los importantes acuerdos que adoptó el Consejo Europeo en junio de 2010. En él se lanzó la llamada Estrategia Europa 2020 que buscaba impulsar un crecimiento inteligente, sostenible e integrador en la UE a través de una mejora en la competitividad, la productividad y la cohesión social, centrándose en áreas como la innovación y la energía. Además, se reafirmó la solidaridad financiera frente a la crisis financiera y se aportaron orientaciones nacionales para garantizar la estabilidad fiscal.

LIBRO EN HONOR DEL PROFESOR EMÈRIT BONO

(26 de marzo de 2024)

Avanzaba aquel curso académico y tú ibas tratando todos esos asuntos relacionados con la crisis económica y la evolución de la UE en tus clases de la Facultad y en otras actividades universitarias, dentro y fuera de Valencia. Y vino el final de curso y con él la jubilación del profesor Emèrit Bono. ¿Cómo olvidar que su invitación y la del profesor Manuel Sánchez Ayuso fueron cruciales en tu decisión de entrar en la docencia universitaria en 1973? En septiembre de 2010 la Universidad de Valencia rindió un merecido homenaje al profesor Emèrit Bono en un acto presidido por el rector Esteban Morcillo. Se publicó un libro en su honor, titulado *Crisis y transformación*, en el que tu estuviste presente tanto en el equipo coordinador como entre los colaboradores. En concreto, escribiste allí junto a Marta Pedrajas el tema "Desarrollo humano y cooperación en el Magreb".

Y con Marta Pedrajas te viste de nuevo en Bruselas en el encuentro que se celebró en noviembre para debatir la versión definitiva del *Informe Europeo sobre Desarrollo 2010* presentada por la profesora Georgia Giovanneti y su equipo al completo. Quedó al final un magnífico trabajo donde el núcleo central de ideas giró en torno a "La protección social para un desarrollo inclusivo", aportándose muy valiosos elementos para una buena cooperación de la UE con los países africanos (en el intento de lograr un desarrollo integrador y sostenible de los mismos). Por supuesto, aprovechaste igualmente aquel viaje para verte con tus buenos amigos que trabajaban en la Comisión Europea (Francisco Bataller, Amparo Roca y Manuel Sanchis i Marco) a los que llevaste un ejemplar del libro de homenaje a Emèrit Bono.

LA EUROPA DE JAVIER SOLANA

(27 de marzo de 2024)

A finales de 2010 salió publicado un interesante libro que testimoniaba una larga experiencia de responsabilidad pública vinculada al proyecto europeo. Era el libro *Reivindicación de la política. Veinte años de relaciones internacionales*, en el que Javier Solana hacía un amplio balance personal en conversación con el periodista Lluís Bassets. Su relato mereció toda tu atención y realizaste una breve reflexión en torno al mismo para la revista *Pasajes* de la Universidad de Valencia.

Javier Solana representaba lo mejor de aquella generación nacida en los años cuarenta, que se comprometió en la transición democrática española y asumió después importantes responsabilidades tanto en el gobierno del país como en las instituciones internacionales. Un catedrático de Ciencias Físicas de la Universidad Complutense de Madrid que, tras ser sucesivamente ministro español de Cultura, de Educación y de Exteriores, en diciembre de 1995 fue elegido secretario general de la OTAN, y en 1999 pasó a ser el primer Alto Representante de la Unión Europea para la Política Exterior y de Seguridad Común junto a secretario general del Consejo Europeo, unos cargos que ocupó hasta diciembre de 2009.

Deseas destacar algunos acontecimientos que Javier Solana protagonizó y que aún te impresionan al recordarlos. Cuando él llegó a la OTAN, su primera misión fue tratar de convencer a Rusia para que aceptara la aproximación al sistema atlántico de algunos países del antiguo Pacto de Varsovia. Ello aparentemente lo logró, pues dicho diálogo culminó en unos acuerdos de cooperación firmados en mayo de 1997 con el presidente Boris Yelsin. Rusia se hallaba muy debilitada entonces y, aunque Solana señala que hubo tacto para tratar de no vejarla, los líderes rusos se quedaron con el sentimiento de que se les había tratado mal. Esta percepción negativa la guardaría para sí Vladimir Putin y se iría agrandando con el paso del tiempo. "Quizás faltó más apertura de miras", afirma Javier Solana. Son unas palabras que provocan tu admiración. Porque, en efecto, si los años 90 fueron vividos por los europeos occidentales como una época de liberación e integración, para los rusos fue un tiempo de caos y humillación. Y también tú piensas ahora, viendo los problemas del presente, que entonces faltó mayor perspectiva histórica en los dirigentes occidentales.

Más allá de esto, deseas destacar también el papel de Javier Solana en las misiones de pacificación de los Balcanes (contribuyendo a dar fin a unas guerras fratricidas tan cruentas como aquellas), o su buen oficio como Alto Representante comunitario en la difícil ampliación de la UE hacia el Este (dando lugar a una Unión de 27 Estados miembros). ¿Puede extrañar así que en 2007 Solana recibiera una de las distinciones más importantes para un ciudadano europeo como es el Premio Carlomagno? Tal distinción se otorga desde 1950 en la ciudad de Aquisgrán, y anteriormente la recibieron asimismo otros españoles: en 1973 Salvador de Madariaga (filósofo e historiador), en 1982 Juan Carlos I (Rey de España) y en 1993 Felipe González Márquez (presidente del Gobierno de España).

ACUERDO ECONÓMICO Y SOCIAL

(28 de marzo de 2024)

Hoy es día de Jueves Santo en la Semana Santa cristiana y su celebración te hace pensar en los sufrimientos de tantas personas a través de la historia. A comienzos de 2011 la principal preocupación de los ciudadanos españoles seguía centrada en la situación de grave recesión económica del país (con sus elevadas tasas de desempleo). Los mercados financieros internacionales continuaban penalizando a España (al igual que a los otros países más vulnerables de la UE) con unas altas primas de riesgo en los tipos de interés que encarecían (históricamente) las emisiones de deuda pública. Afortunadamente la UE estaba avanzando gradualmente en la mejora del marco de gobernanza de la zona euro. Operaba ya desde el pasado año el Mecanismo Europeo de Estabilidad Financiera, y en enero de 2011 comenzó a aplicarse un procedimiento más intenso de coordinación de las políticas económicas nacionales conocido como el Semestre Europeo.

En ese contexto, recuerdas que en febrero de 2011 el Gobierno español suscribió un Acuerdo Económico y Social con la patronal y los sindicatos. Este Acuerdo incluía una reforma del sistema público de pensiones (para asegurar su sostenibilidad), distintas iniciativas en materia de política industrial (innovación y energía), así como una mejora de las políticas activas de empleo (con un plan de choque contra el paro juvenil).

Dedicaste a estos temas diversos artículos en la prensa. Aunque a lo largo de dicho año, más allá de las clases, tu labor académica se orientó en buena medida a un proyecto europeo de investigación sobre el área mediterránea que acometisteis un equipo de estudiosos bajo la dirección del profesor Juan Ramón Cuadrado (de la Universidad de Alcalá de Henares). Tu parte en el mismo estuvo centrada en el sector agrario, contando con la valiosa colaboración de José Mª García Álvarez-Coque y Víctor Martínez (de la Universidad Politécnica de Valencia),

POR UNA RENOVACIÓN EUROPEA

(29 de marzo de 2024)

El 28 de septiembre de 2011, el presidente de la Comisión Europea, José Manuel Durao Barroso, tomó la palabra y dirigió al Parlamento Europeo un importante discurso sobre el estado de la Unión Europea. Indicó que ésta se estaba enfrentando al mayor reto de su historia hasta el presente, y subrayó que la cuestión relevante era si nos considerábamos una verdadera Unión y había suficiente voluntad política para superar entre todos los problemas existentes. Afirmó que, pese a la gravedad de la situación, había soluciones, pasando todo por restablecer la confianza (curiosamente aquel año tan complicado para el euro Estonia se había incorporado a la eurozona) y acometer una conveniente renovación europea.

En tal sentido, Durao Barroso señalaba que era crucial combinar adecuadamente la exigencia de disciplina y estabilidad con una apuesta decidida por el crecimiento y la solidaridad. A su juicio, los países más vulnerables tenían que estar dispuestos a aplicar efectivamente las reformas indispensables, pero al mismo tiempo los países más prósperos debían demostrar realmente su solidaridad. Se estaban dando ya pasos efectivos para responder a la crisis (mediante el Mecanismo Europeo de Estabilidad Financiera y la Estrategia Europa 2020), pero era preciso seguir profundizando en la coordinación e integración económicas (especialmente en la zona euro). El presidente de la Comisión Europea encarecía a los eurodiputados a votar a favor de las propuestas legislativas que estaba presentando en esa dirección, porque resultaba imprescindible completar la unión monetaria europea con una mayor unión económica y política. Y se debía así ir más allá de un enfoque puramente intergubernamental para adoptar un enfoque genuinamente comunitario.

Ahora te viene a la memoria la forma tan elegante en que Durao Barroso terminó aquel valioso discurso. Lo hizo recurriendo a una conocida cita de Nelson Mandela: "Todo parece imposible hasta que se hace". Y él añadió: "Nosotros podemos lograr con confianza la renovación de nuestra Europa".

TIEMPOS DIFÍCILES

(30 de marzo de 2024)

Recuerdas el año 2012 como uno más de aquellos tiempos tan difíciles en que parecía imposible superar la crisis económica y escapar de la recesión. En noviembre de 2011 se habían celebrado unas elecciones generales en España que ganó el Partido Popular, pasando a ser el presidente del Gobierno Mariano Rajoy. Éste tuvo que seguir la misma línea de austeridad emprendida antes por J. L. Rodríguez Zapatero, y se estrenó en enero de 2011 con la aprobación de un programa de ajuste rápido y contundente para poder contener el déficit público y responder así a los compromisos asumidos con la UE.

Sin duda, era inevitable encontrar una vía que combinara adecuadamente la austeridad con el crecimiento económico. En tal sentido, en marzo de 2012 todos los Estados miembros de la UE (excepto Reino Unido y Chequia) firmaron un Tratado de Estabilidad, Coordinación y Gobernanza que implicaba el compromiso de introducir en sus Constituciones una regla de oro referida al equilibrio presupuestario. Dicho Tratado fue un prerrequisito para disminuir el riesgo en los mercados financieros y poder avanzar en las negociaciones hacia una mayor unión económica (bancaria y fiscal) como complemento de la unión monetaria.

Las cosas no eran nada fáciles, en efecto, en aquellos momentos. De hecho, España tuvo que apelar a un rescate de la banca en junio de 2012 que afortunadamente pudo solventar con posterioridad. Del complicado ambiente de aquella época dan cuenta diversos libros. Entre otros, *La torre de la arrogancia*, de Xosé Carlos Arias y Antón Costas, y *El declive de la socialdemocracia*, de José Víctor Sevilla. Los comentaste en tus clases y con tus compañeros de departamento en la Facultad. Y tú mismo escribiste por entonces un largo artículo ("El papel de la ética en la economía global") en la revista *Debats*, que aludía al desorden económico internacional existente (incluyendo la crisis europea y española) y las posibles respuestas al respecto.

INTEGRACIÓN O FRAGMENTACIÓN

(31 de marzo de 2024)

En su discurso sobre el estado de la Unión de septiembre de 2011, en un contexto de profunda crisis económica, el presidente de la Comisión Europea llegó a decir que: "si no avanzamos en integración, corremos el riesgo de la fragmentación". Lo planteó como un dilema que, para José Manuel Durao Barroso, tenía una solución clara (aunque fuera difícil): había que avanzar en integración. Por eso propuso un ambicioso programa de renovación europea que fue respaldado ampliamente por el Parlamento Europeo. Este programa se fue aplicando a lo largo de 2012 y alcanzó su punto culminante en los acuerdos adoptados por el Consejo Europeo en julio de dicho año.

Fueron cuatro grandes acuerdos que tú comentaste ampliamente en tus artículos de prensa. El primero relativo a un Pacto por el Crecimiento y el Empleo, que incluía medidas para relanzar la inversión y mejorar la competitividad y la estabilidad financiera. El segundo conformaba el conjunto de recomendaciones específicas que se hacían a cada país en áreas como la consolidación presupuestaria, las reformas estructurales y la inversión sostenible. El tercero aludía a un Informe para avanzar hacia una auténtica Unión Económica y Monetaria, subrayando su objetivo de fortalecer la estabilidad financiera y mejorar el bienestar de los ciudadanos. Y el cuarto reafirmaba el compromiso de la UE con lograr un crecimiento firme, inteligente, sostenible e integrador, lo cual reclamaba unas finanzas públicas sólidas, reformas estructurales apropiadas y una inversión estratégica.

A la postre, aquellos fueron unos acuerdos cruciales para abordar la crisis económica y sentar las bases para un futuro más estable y próspero en la UE. Pensaste que la confianza y el entusiasmo mostrados por J. M. Durao Barroso en el ejercicio de su presidencia se hallaban también presentes en el excelente libro *La constitución europea* publicado en 2012 por el filósofo alemán Jürgen Habermas. Un breve libro que pretendía arrojar algo de luz al futuro del proyecto europeo en medio de las graves dificultades que lo asediaban entonces. Una reflexión clara y realista que perfilaba las opciones posibles.

V

FORJAR UNA
EUROPA ESPERANZADA

NOBEL DE LA PAZ PARA LA UNIÓN EUROPEA

(1 de abril de 2024)

En octubre de 2012 la UE recibió el Premio Nobel de la Paz por haber contribuido a "transformar Europa en un continente de paz" en su andar durante más de seis décadas. Al otorgar dicho premio, el Comité Nobel subrayó la tarea de la Unión en favor de la reconciliación, la democracia y los derechos humanos. El Presidente del Parlamento Europeo, Martin Schulz, se mostró enormemente agradecido en nombre del conjunto de instituciones comunitarias y señaló que ese era un premio para todos los ciudadanos de la UE, destacando el empeño de ésta en reunificar el continente por la vía pacífica. Acto seguido, la Unión decidió destinar la dotación del Premio (930.000 euros), junto a una cantidad adicional que aportó ella misma (hasta alcanzar los dos millones de euros), a proyectos educativos de emergencia en zonas de conflicto (para niños que no tenían la oportunidad de crecer en países en paz).

Celebraste la concesión de aquel Nobel de la Paz a la UE con tus estudiantes de la Facultad de Economía de la Universidad de Valencia (muchos de ellos Erasmus) y pediste su opinión al respecto. Eran jóvenes de unos 20 años procedentes tanto de España como de otros países europeos (Alemania, Francia, Holanda, Italia, Polonia, Rumania y Bulgaria). Pensaban, en general, que aquél era un premio merecido por el valor que representaba la integración europea más allá del ámbito estrictamente económico. Además, dicho reconocimiento llegaba precisamente en unos momentos de crisis en que aumentaba el euroescepticismo y la desconfianza de los ciudadanos en las instituciones comunitarias. Y por eso mismo, el Premio debía de servir como acicate para corregir errores pasados y seguir impulsando buenas políticas frente a la crisis y para fortalecer la propia UE. La mayoría se mostraron esperanzados en una mejora gradual de la situación económica y social de España y el conjunto de Europa. Y tú reseñaste aquel interesante debate estudiantil en un breve artículo que publicaste en la prensa.

PAUL DE GRAUWE EN LA UNIVERSIDAD DE VALENCIA

(2 de abril de 2024)

El día 30 de noviembre de 2012 el profesor Paul de Grauwe, de la Universidad Católica de Lovaina, fue investido doctor honoris causa por la Universidad de Valencia. Era un destacado especialista en economía internacional, y particularmente en el ámbito de la integración monetaria. Su "laudatio" corrió a cargo de Cecilio Tamarit, quien señaló que el profesor belga había trabajado en el Fondo Monetario Internacional y en el Banco Central Europeo, además de ser miembro del Grupo de Análisis de Política Económica que asesoraba al presidente de la Comisión Europea José Manuel Durao Barroso. Cecilio hizo también un elogio de su libro sobre *Teoría de la Integración Monetaria* que tanta luz había aportado al conocimiento y perfeccionamiento de la unión monetaria europea. Luego le tocó el turno de intervenir al propio Paul de Grauwe.

Tú estabas entre el amplio público que había en el aula magna de la Universidad de Valencia y tomaste nota de su detallado discurso. La crisis económica tenía una posible salida mediante una decida acción en tres áreas: 1) un papel más activo del Banco Central Europeo, 2) una combinación adecuada entre una política expansiva a escala europea y una austeridad mesurada en los países endeudados (como era el caso de España), y 3) un avance hacia la unión bancaria y presupuestaria en la eurozona. Pero para llevar a cabo todo ello, era preciso superar un ambiente de envenenada desconfianza que se había instalado entre los países del norte y del sur de la UE, pues sin confianza mutua ni se podía remontar la crisis ni se podía seguir avanzando en el proceso de integración europea. Un discurso realmente profético.

SÉPTIMA EDICIÓN DEL MANUAL

(3 de abril de 2024)

A principios de 2013 estabais embarcados en la preparación de la séptima edición del manual de Economía de la UE todo el equipo de compañeros comprometidos en el mismo. Tú sabías que era la última edición que ibas a coordinar y le pediste a Cecilio Tamarit que ejerciera esa tarea contigo (con la perspectiva de relevarte en la coordinación de otras posibles ediciones del manual en el futuro), lo cual aceptó muy amablemente. Y el texto, en efecto, estuvo disponible para el verano (antes de inicio del curso siguiente).

Era todo un orgullo para ti: el libro cumplía con esta nueva edición casi veinte años de existencia. Una larga trayectoria a través de la cual su contenido se había ido renovando en profundidad, al compás de la importante transformación experimentada por la propia Unión Europea. La primera edición databa de 1994, tras la entrada en vigor del Tratado de Maastricht y la puesta en marcha de la segunda fase de la estrategia en pos de la unión monetaria. La segunda edición era de 1997, cuando se había firmado el Tratado de Ámsterdam e impulsado la acción comunitaria en las áreas social y de empleo. La tercera edición tuvo lugar en 1999 y consideró el inicio de la unión monetaria y los pormenores de la Agenda 2000. La cuarta edición, de 2002, incorporó la reforma institucional del Tratado de Niza. La quinta edición, de 2005, dio cuenta del grueso de la ampliación al Este de la UE y los debates sobre la posible adopción de una Constitución europea (que luego se frustró). La sexta edición databa de 2008 y aludió a la aprobación del Tratado de Lisboa (que entró en vigor en 2009).

Ahora la séptima edición, de 2013, recogía los principales cambios acontecidos recientemente en la UE. Entre ellos, el reforzamiento del sistema de gobernanza de la zona euro (ante los grandes desafíos planteados por la grave crisis económica de los últimos años) y la preparación de un nuevo marco financiero plurianual de la UE (para el período 2014-2020). Y éste fue el equipo de compañeros que intervino (junto a ti y Cecilio Tamarit) en aquella edición del manual: Isidro Antuñano, Francisco Goerlich, Vicente Jaime, Matilde Más, Francisco Pérez y Ernest Reig (de la Universidad de Valencia); Jordi Bacaria (de la Universidad Autónoma de Barcelona); Ramón Barberán y Pilar Egea (de la Universidad de Zaragoza); Francisco Bataller, Amparo Roca y Manuel Sanchis (de la Comisión Europea); Rafael Bonete (de la Universidad de Salamanca); María Amparo Camarero (de la Universidad Jaume I de Castellón); Juan Ramón Cuadrado y Tomás Mancha (de la Universidad de Alcalá); y Raúl Ramos (de la Universidad de Barcelona).

PUBLICACIONES Y ACTOS SOBRE EUROPA

(4 de abril de 2024)

En los primeros meses de 2013 vieron la luz dos trabajos tuyos centrados en la situación europea. Uno fue un largo artículo ("Perspectivas de la Unión Europea") que te había solicitado (para un monográfico sobre Europa) la revista *Ekonomiaz*, editada por el Gobierno vasco. El otro fue el libro *Europa: el somni i la realitat*, editado en papel por la revista Saó y de forma digital por el Centro de Documentación Europea de la Fundación General de la Universidad de Valencia. Este libro tenía la intención de llegar a un amplio público (más allá del estudiantil) e invitar a una reflexión sobre la ambición que representaba el sueño europeo y las difíciles circunstancias que atravesaba el proyecto que fue urdido para hacerlo realidad.

A lo largo de 2013 hiciste presentaciones de dicho libro en distintos foros (en Valencia y comarcas), pero guardas un recuerdo muy especial de la Universitat d'Estiu de Gandía (en su XXX edición) donde acudiste para hablar sobre el tema (invitado por el profesor Salvador Almenar Palau) en un acto organizado por la Cátedra Alfons Cucó y la Fundació Ernest Lluch. La calidez de aquel acto contrastó notablemente con el ambiente bastante disperso que encontraste algunas semanas después en una mesa redonda sobre Europa en la que participaste (junto a Juan Pablo Fusi, Amando de Miguel, Luis Tormo y Alejo Vidal-Quadras) en el Colegio Universitario de Estudios Financieros (CUNEF) de Madrid. Eran gajes del oficio.

TIEMPO DE PASCUA DE RESURRECCIÓN

(5 de abril de 2024)

Esta semana nos hallamos en tiempo de Pascua de Resurrección, dentro del calendario cristiano, y para celebrarlo ayer acudiste a un festival de coros que tuvo lugar en una de las parroquias de Llíria. En él participaron los grupos corales de las dos sociedades musicales del municipio (la Unión y la Primitiva). El concierto fue sumamente emotivo, alcanzando su punto culminante cuando uno de los coros interpretó la composición "On the Beauty of the "Earth", de John Rutter, y el otro la del "Oh, Amor", de Elaine Hagenberg. Las dos piezas te parecen de una belleza sublime, unos cantos llenos de vida y de luz que pregonan la primavera y la alegría tras los momentos de tristeza y dolor vividos durante la Semana Santa.

También la Unión Europea era capaz de emerger del crudo invierno de la gran crisis financiera que se manifestó a partir de 2008 y se fue tornando en una larga recesión. Eso piensas ahora cuando retomas el hilo de tus recuerdos europeos y te sitúas a principios de 2014. Los responsables públicos (a escala comunitaria y nacional) así como los actores económicos y sociales estaban haciendo todo lo posible para superar los problemas y volver a una senda de recuperación económica. En efecto, las cosas irían poco a poco a mejor a lo largo de dicho año, aunque el entorno económico seguiría siendo sumamente frágil. Con todo y con eso, durante el verano pasado (julio de 2013), la UE había experimentado una nueva ampliación (la séptima) con el acceso de Croacia, llegando a ser así una Unión de 28 Estados miembros. Y en 2014 Letonia se incorporó a su vez a la zona euro (siendo el 18º país en hacerlo).

LA ESTRATEGIA EUROPA 2020

(6 de abril de 2024)

La Estrategia Europa 2020 había sido adoptada por el Consejo Europeo en junio de 2010 y constituía un marco de referencia para la coordinación de las políticas económicas, sociales y de empleo de los Estados miembros de la UE. A partir de unos objetivos comunes y unas orientaciones integradas, los distintos países formularon unos Programas Nacionales de Reforma que fueron objeto de un seguimiento y supervisión por parte de la Comisión Europea. La Estrategia Europa 2020 buscaba conseguir un crecimiento inteligente, sostenible e integrador para el conjunto de la Unión, y en base a la misma se elaboró también el marco presupuestario plurianual de la UE para el período 2014-2020. Éste fue establecido por el Consejo de la UE en diciembre de 2013, tras su aprobación por el Parlamento Europeo el mes anterior.

En los inicios de 2014 tú saludaste con mucha ilusión la puesta en marcha del nuevo marco presupuestario de la UE con el horizonte de 2020. Por primera vez en la historia de la Unión la Comisión Europea había elaborado un marco presupuestario plurianual con el referente de una estrategia de desarrollo a medio plazo de la UE. En tal sentido, las diferentes secciones del gasto comunitario se estructuraban de acuerdo con las prioridades de la Estrategia Europa 2020. En consecuencia, la política de cohesión económica y social, la política de innovación e investigación y el mecanismo “conectar Europa” aparecían en el presupuesto al servicio de los objetivos referidos a un crecimiento inteligente e integrador, y la PAC y el desarrollo rural al servicio de una meta de crecimiento sostenible. Todo ello, es cierto, ajustado a un limitado tamaño presupuestario (el 1% de la renta nacional de la UE) que era lo que daba de sí la realidad política de la Unión.

PARLAMENTO EUROPEO DE LOS JÓVENES

(7 de abril de 2024)

En el primer trimestre de 2014, dos actos conectados con Europa te llevaron a interactuar con un público juvenil más allá de las aulas universitarias. El primero tuvo lugar en enero de dicho año, cuando fuiste invitado a pronunciar una charla inaugural en una jornada de la delegación valenciana del Parlamento Europeo de los Jóvenes. Esta es una organización que tiene como misión interesar a la juventud en los asuntos europeos, haciéndoles participar en debates formativos similares a los que sostienen los eurodiputados en el Parlamento Europeo. Se llevan a cabo sesiones regionales, del mismo modo que se organizan encuentros a escala nacional y europea. Aquel acto en el que impartiste tú una breve alocución en enero de 2014 correspondía a una sesión de la organización en la Comunidad Valenciana. La invitación te la hizo su presidenta en aquel momento, Cristina Crespo, estudiante de Ingeniería Industrial en la Universidad Politécnica de Valencia. Y fue de gran interés observar en silencio el modo tan bien reglado en que se sucedieron los debates en el transcurso de aquella jornada.

El segundo acto tuvo lugar en marzo de 2014, cuando participaste en el XXII Foro Universitario Juan Luis Vives, organizado por la Concejalía de Juventud del Ayuntamiento de Valencia. Era un curso abierto e interdisciplinar que llevaba este interesante título: "Europa en su laberinto". Y a ti se te hizo la propuesta de disertar sobre esta cuestión específica: "¿Constituye la Unión Económica y Monetaria un arma de doble filo?". Tuviste que explicar en un lenguaje llano que la crisis de los últimos años había puesto de manifiesto las grandes carencias y debilidades institucionales de la Unión Económica y Monetaria Europea, razón por la cual se habían emprendido recientemente importantes reformas al respecto. Unas reformas que habían llevado a fortalecer la coordinación de las políticas económicas nacionales y conseguir una mayor unión económica (como complemento de la monetaria). De ese modo parecía que dicha unión no era un arma de doble filo y Europa era capaz de escapar poco a poco del laberinto en que se encontraba.

RUSIA SE ANEXIONA CRIMEA

(8 de abril de 2024)

En marzo de 2014, cuando la UE continuaba centrada en la tarea de superar la crisis económica, el ejército de Putin tomó por la fuerza Crimea. Lo subraya Timothy Garton Ash en su libro sobre Europa, y tú lees y relees varias veces este episodio porque no lo tenías bien presente en tu memoria. No era la primera vez que Rusia hacía una cosa así (en agosto de 2008 sus tropas ocuparon los territorios georgianos de Osetia del Sur y Abjasia), pero ahora la acción era mucho más grave.

Garton Ash había seguido de cerca toda esta historia como politólogo y buen analista internacional. Puntualiza que los anhelos imperiales de Putin eran ya bien reconocibles cuando se convirtió en el primer ministro de Boris Yeltsin en el verano de 1999, y cuando fue elegido para sucederle en la presidencia en el año 2000. Por entonces había expuesto ya su postura ideológica centrada en el fomento de un patriotismo exacerbado y la consecución de un Estado fuerte para Rusia.

A Putin no le agradó en absoluto la Revolución Naranja que se produjo en Ucrania en el verano de 2004, ni tampoco la estrategia de asociación que la UE ofreció a Ucrania, Georgia, Bielorrusia y Moldavia tras su ampliación hacia el Este en 2004 y 2007. La aguja fue girando cada vez más desde una posición de Rusia favorable a la cooperación con Occidente hacia la de un enfrentamiento con éste. Empezó a revisar los territorios que otrora habían formado parte de su antiguo imperio y se propuso recuperarlos. Y así vino la anexión de Crimea en marzo de 2014, a la que sumó a continuación el apoyo beligerante a las fuerzas separatistas de las regiones del sur y este de Ucrania creando en ellas un conflicto prolongado.

VIAJE A NUEVA YORK

(9 de abril de 2024)

En abril de 2014 llevaste a cabo un interesante viaje a Nueva York durante las vacaciones de Semana Santa y Pascua. Hubo un motivo familiar en aquel viaje, pero lo aprovechaste para organizar con antelación unas entrevistas con dos profesores de la Universidad de Nueva York cuyo interés académico se hallaba centrado también en la Unión Europea. Uno era el profesor Dennis Smith, de la Wagner School of Public Service, y la otra la profesora Christiane Lenke, del Center for European and Mediterranean Studies. Tenías interés en conocer más de cerca el punto de vista americano sobre la integración europea, tanto desde la perspectiva económica como institucional o política.

Recuerdas que en aquel viaje planeaba en las noticias la preocupación por el conflicto de Ucrania y las crecientes tensiones entre Rusia y Occidente. Llevabas contigo un reciente libro de Antonio Muñoz Molina, *Todo lo que era sólido*, que rezumaba tan interesantes reflexiones tocadas de una serena sabiduría: "Creo que el edificio de la civilización está siempre en peligro de derrumbarse y que hace falta una continua vigilancia para sostenerlo. Lo inaudito puede siempre suceder... No estamos condenados a lo peor, ni el pasado nos ata a un porvenir inevitable; pero tampoco hay ninguna garantía de que durará lo bueno que hemos logrado".

Visitaste el edificio de Naciones Unidas, donde una guía surcoreana os explicó las principales líneas de actuación de la Organización en aquellos momentos. Consultaste en la biblioteca de la Universidad de Nueva York qué textos eran los más utilizados sobre la Unión Europea. Luego, Dennis Smith te habló de sus clases, de sus contactos con algunos centros europeos (como la Universidad Libre de Bruselas o ESADE en Barcelona) y de las debilidades que veía en el sistema de gobernanza de la UE. Y otro día Christiane Lenke te enseñó el Centro de Estudios Europeos donde ejercía como profesora visitante (pues era catedrática titular en la Universidad Leibniz de Hannover), te regaló algún escrito suyo sobre las reformas institucionales emprendidas en la UE tras la crisis del euro, y te comentó el escaso interés que tenían los americanos sobre Europa (más allá de la ciudad de Nueva York). Agradeciste a ambos profesores su amable atención en un correo posterior, luego supiste del fallecimiento de Dennis Smith en agosto de 2015.

ENCRUCIJADA EUROPEA

(10 de abril de 2024)

Mayo de 2014. A finales de mes están convocadas unas nuevas elecciones al Parlamento Europeo. Para suscitar una reflexión ciudadana ante las mismas, el vicerrector de Participación y Proyección Territorial de la Universidad de Valencia, Jorge Hermosilla, ha congregado a un equipo de profesores (especializados en la temática europea) pertenecientes a las

Facultades de Derecho, Economía y Geografía e Historia. Entre ellos estás tú (además de Manuel Sanchis y Cecilio Tamarit, de tu misma Facultad). A lo largo de ese mes participáis en unas jornadas con el título de "La encrucijada europea: luces y sombras para un futuro común" que se realizan en distintos municipios valencianos. A ti te toca intervenir, junto a los profesores Jorge Cardona y María Cervera (de la Facultad de Derecho) en los municipios de Xàtiva y L'Eliana, en tanto que a otros compañeros se les asigna otros municipios. La experiencia resulta muy estimulante. Y al final del recorrido todas vuestras charlas compondrán un interesante libro que publicará la Universidad de Valencia con el mismo título de las referidas jornadas.

Las elecciones al Parlamento Europeo de 2014 se celebraron, por cierto, el 25 de mayo, y hubo un índice de participación del 43% (en el conjunto de la UE) similar al de las anteriores elecciones (de 2009). Por formaciones, el Partido Popular Europeo resultó el ganador de las mismas (con el 28% de los votos), por lo que fue designado como nuevo Presidente de la Comisión Europea el luxemburgués Jean-Claude Juncker (contando para ello con el apoyo de los grupos socialista y liberal). Recuerdas que, en el contexto de aquella grave crisis (aún no superada), las ideas europeístas que se debatieron en la campaña electoral tuvieron que hacer frente al euroescepticismo y los nacionalismos populistas crecientes a resultas del malestar económico y social que había dejado la gran recesión en el conjunto de Europa.

LA PASIÓN EUROPEA DE MANUEL SANCHIS I MARCO

(11 de abril de 2024)

El 9 de diciembre de 2014 se presentó en el Aula Magna de la Universidad de Valencia el libro de Manuel Sanchis i Marco *El fracaso de las élites. Lecciones y escarmientos de la gran crisis*. Lo hizo acompañado del rector Esteban Morcillo, del periodista Xavier Vidal-Folch y del asesor Jürgen Kröger (de la Comisión Europea). Tú estabas entre el público asistente y comprendiste enseguida que aquel era un texto importante. Expresaba el ansia intelectual de su autor, un economista de sólida formación y larga experiencia al servicio de la Comisión Europea, que analizaba a fondo las causas de aquella crisis económica que tenía atenazada a la UE y, a su vez, deseaba realizar propuestas racionales para configurar un diseño más adecuado y consistente del euro. Revelaba la pasión europeísta de alguien dispuesto a superar todo tipo de dogmatismos y rigideces mentales para clarificar cuáles eran los intereses de conjunto de la Unión Europa y propiciar políticas eficaces y coherentes al respecto.

Mientras escuchabas el discurso de presentación de su libro, pensabas en el camino circular que había realizado Manuel Sanchis i Marco yendo primero de la Universidad de Valencia a la Comisión Europea y volviendo después a la propia Universidad. En efecto, tras unos brillantes estudios de grado y de posgrado (que incluían su paso por el Colegio de Europa en Brujas y una alta distinción a su tesis doctoral), Manuel Sanchis i Marco se convirtió en Profesor Titular de Economía Aplicada de la Universidad de Valencia (donde fue también el primer director del Centro de Documentación Europea). Ahora bien, en 1986 opositó y pasó a trabajar en la Comisión Europea, haciéndolo hasta 1998 en la Dirección General de Economía y Finanzas, y después, hasta 2005, en la Dirección General de Empleo y Asuntos Sociales. Veinte años en los que simultaneó dicha tarea de funcionario técnico con otra de carácter educativo (dando algunas clases o completando su propia formación en diversos centros universitarios europeos). En 2005 decidió reincorporarse a la Universidad de Valencia y desde entonces había hecho una gran aportación a la misma. Aquel libro que presentaba en diciembre de 2014 era un fiel reflejo de ello.

LUZ AL FINAL DEL TUNEL

(12 de abril de 2024)

A lo largo de 2015 empezaría a verse ya algo de luz al final del túnel de la gran recesión derivada de la crisis económica de 2008. Dicha crisis había llevado a promover reformas importantes en las políticas y el sistema de gobernanza de la UE para conseguir una auténtica Unión Económica y Monetaria. Ello estaba teniendo sin duda unos efectos importantes de carácter positivo sobre la evolución económica del conjunto europeo. Lo evidenciaban distintos indicadores y todos comenzaban a poder respirar con un poco más de alivio. El año comenzó además con la incorporación de Lituania a la zona euro (el 19º país de la misma).

En ese contexto, recuerdas una conferencia especial que te invitaron a impartir en marzo de 2015 en el Máster en Política Económica y Economía Pública de la Universidad de Valencia. Allí presentaste la Unión Europea como un modelo de organización de carácter confederal, frente a otros modelos alternativos (como eran un Estado unitario o un Estado federal). El poder político residía en gran medida en los Estados miembros de la confederación, y el gobierno confederal no obtenía recursos fiscales directamente de los ciudadanos (aunque sí existían ciertos mecanismos de solidaridad interterritorial). Plasmaste el sistema institucional de la UE y la distribución de competencias de acuerdo con los Tratados. Luego analizaste la forma en que la UE había desplegado la función de estabilización macroeconómica en el transcurso de la crisis y las reformas aplicadas entre 2010 y 2015. En esencia, el refuerzo de un programa económico común (con mayor vigilancia de los desequilibrios macroeconómicos), la creación de un Mecanismo Europeo de Estabilidad, un nuevo marco de regulación y supervisión financiera (avanzando hacia una unión bancaria) y un papel más activo del BCE (proveyendo liquidez mediante operaciones monetarias de compraventa). Como conclusión, te basaste en el eurobarómetro de otoño de 2014 para subrayar el buen grado de aceptación de todas esas reformas por parte de la ciudadanía europea.

MEMORIAS UNIVERSITARIAS

(13 de abril de 2024)

En 2015, de febrero a julio, impartiste tu último semestre de clases oficiales en la Universidad de Valencia. Para celebrarlo hiciste dos cosas. Por un lado, invitaste a acompañarte en una de tus asignaturas a algunos ponentes que tenían un carácter especial para ti (como Francisco Bataller, Marta Pedrajas, Manuel Sanchis i Marco, José Mª García Álvarez-Coque, Amparo Roca o tu propia hija). Por otro lado, publicaste un libro (titulado *Oficio y compromiso cívico*) que reunía tus memorias como profesor universitario entre 1973 y 2015. En ellas pretendías dar cuenta de tu labor a lo largo de esos cuarenta y dos años de trabajo académico, a la vez que agradecer a los profesores que habían inspirado tu quehacer y a los compañeros que te acompañaron en ese camino. El libro se presentó en la Facultad de Economía de la Universidad de Valencia y te sentiste muy bien arropado por un amplio número de personas que manifestaron su afecto hacia ti.

Tenías 65 años cuando te jubilaste y habrías podido alargar tu función docente en la Universidad cinco cursos más. Sin embargo, pensabas que ya estaba bien lo realizado hasta entonces. Terminarías de dirigir el curso siguiente una tesis doctoral pendiente y un artículo en proceso para una revista académica. Luego Dios diría. En la Escuela de Personas Adultas de Llíria se te había invitado a desarrollar como voluntario un taller sobre temas europeos y cívicos y habías aceptado. Los asuntos familiares eran ahora también más exigentes que antes. En el momento de tu jubilación, los compañeros de departamento publicaron un libro en tu honor titulado *Renovación de la política económica y cambios sociales*, con colaboraciones muy interesantes y emotivas de todos ellos (empezando por los más veteranos: Emèrit Bono, J. A. Tomás Carpi, Víctor Fuentes, Andrés García Reche, Isidro Antuñano).

VEINTE AÑOS DE ASOCIACIÓN EUROMEDITERRÁNERA

(14 de abril de 2024)

En noviembre de 2015 el Instituto Europeo del Mediterráneo quiso celebrar el 20º aniversario del lanzamiento de la Asociación Euromediterránea con la publicación de un número especial de la revista *Quaderns de la Mediterrània*. Estaba dedicado a analizar los retos que afrontaba el Mediterráneo en el presente en distintos ámbitos (político, económico, social, cultural, tecnológico, medioambiental). Fueron numerosos los autores (del norte y del sur) invitados a participar en dicha publicación, tú entre ellos.

De pronto te vino a la mente, veinte años atrás, aquel foro civil que tuvo lugar en Barcelona a continuación de la cumbre ministerial que lanzó la Asociación Euromediterránea (en noviembre de 1995). Tú formaste parte del grupo dedicado a tratar allí el tema del "Comercio sin fronteras". Recuerdas el entusiasmo de aquellos debates. Había la convicción general de que la creación de un área de libre comercio tendría unos efectos muy beneficiosos para el desarrollo de la región en el medio y largo plazo, pero se subrayó también la necesidad de cuidar su posible impacto negativo en ciertos sectores. Por ello, se recomendó acompañar la liberalización comercial con un decidido apoyo financiero orientado a suavizar los costes sociales y facilitar los ajustes estructurales. ¿Qué balance cabía hacer ahora de todo ello?

En tu artículo para *Quaderns de la Mediterrània* señalaste que la Asociación Euromediterránea había tenido un impacto positivo, aunque insuficiente, en el desarrollo de los países del

Mediterráneo sur. Sin duda, era preciso ir más allá en los esfuerzos requeridos para lograr la meta de un desarrollo compartido entre el norte y el sur de la región. La UE debía aumentar su ayuda financiera a los países de la ribera sur para apoyar sus necesarias reformas económicas e institucionales. Los procesos de modernización habían de contemplarse en estos países no como algo impuesto desde Europa, sino como cambios imprescindibles para poder alcanzar mayores niveles de desarrollo humano (logrando mejores estándares de gobernanza, transparencia y equidad). Además, se requería asimismo que esos países avanzaran igualmente en el diálogo y la cooperación entre ellos mismos.

Con todo y con eso, al considerar tan sólo el ámbito económico, te quedabas muy corto en el análisis de la penosa y difícil situación que atravesaba el Mediterráneo en el otoño de 2015. Por entonces habían cobrado ya una fuerza inusitada las corrientes migratorias del sur y este de la región hacia Europa, con un alto porcentaje de refugiados que huían de zonas en crisis (por la guerra civil en Siria, el conflicto de Oriente Medio, la fragmentación de Libia y la desestabilización política o la expansión del yihadismo en otros países). Sin duda, a pesar de las buenas intenciones que impulsaron la Asociación Euromediterránea, ésta no había sido capaz de conformar un espacio conjunto de paz, estabilidad y prosperidad compartida (aunque algunos países, como Marruecos, la habían sabido aprovechar mejor).

HUMANISMO EUROPEO

(15 de abril de 2024)

El 6 de mayo de 2016 el Papa Francisco recibió el Premio Carlomagno de manos del Presidente del Parlamento Europeo, Martin Schulz, y del Presidente de la Comisión Europea, Jean-Claude Juncker. Estos le reconocieron como "voz de la conciencia de Europa", valorando "su mensaje de esperanza y coraje en unos tiempos en que tantos ciudadanos europeos están necesitados de orientación"; un mensaje de paz, comprensión, compasión, tolerancia y solidaridad que ha sido constante en su pontificado (iniciado en marzo de 2013). Era el segundo Papa a quien se otorgaba esta distinción (Juan Pablo II la obtuvo en 2004). Y en su discurso de recepción del premio, Francisco manifestó que soñaba con un nuevo humanismo europeo. Reivindicó una Unión Europea fiel a los ideales humanistas que inspiraron su proyecto, sin adormecerse en la defensa de los derechos humanos, la democracia y la libertad; una Unión Europea inclusiva, dialogante e integradora, perseverante con audacia en una sana utopía de humanización y lucha por el bien común.

Precisamente, tú estabas trabajando entonces con tus alumnos la encíclica *Laudato Si* del Papa Francisco en el taller de la Escuela de Personas Adultas de Llíria. Era un taller que habías comenzado tras tu jubilación, y consistía en una sesión semanal (de carácter muy interactivo) dedicada a analizar y debatir temas europeos, económicos, sociales y culturales. Antes de abordar dicha encíclica, habíais estudiado, por ejemplo, el Programa de Objetivos de Desarrollo Sostenible lanzado por la ONU, así como diferentes aspectos relacionados con la Unión Europea. La concesión del Premio Carlomagno al Papa Francisco en mayo de 2016 fue también objeto oportuno de vuestra atención e interés, suscitando animados comentarios entre el alumnado del taller. Ya no estabas como profesor activo en la Facultad de Economía, pero mantenías viva tu vocación docente y te servías del Centro de Documentación Europea de la Fundación General de la Universidad de Valencia para suministrar material didáctico a tus alumnos del taller de la Escuela de Adultos de Llíria.

CIUDADANÍA EUROPEA

(16 de abril de 2024)

Vuelves al concepto de ciudadanía europea sobre el cual ya llevaste a cabo alguna reflexión anterior con motivo del Tratado de la Unión Europea. Es un concepto muy querido por ti, como fundamento y sentido último del proyecto de construcción europea. Con vinculación a dicho concepto realizaste diversas actividades académicas y cívicas en el pasado. La ciudadanía europea como complemento de la ciudadanía nacional. Una ciudadanía cosmopolita, como tanto gusta decir a Adela Cortina. Los seres humanos como miembros de una comunidad con unos valores compartidos y unos derechos y unas responsabilidades que se derivan de ahí. La plasmación de este concepto en el Tratado de Maastricht en 1992 supuso un paso importante en la convergencia política y jurídica de Europa. El fracaso en la aprobación de una Constitución europea frenó una mejor institucionalización de la ciudadanía europea, pero el Tratado de Lisboa rescató en buena medida el concepto y éste figura en la parte 2 del Tratado de Funcionamiento de la UE y en el Título V de la Carta de los Derechos Fundamentales de la misma.

Y el concepto de ciudadanía europea fue muy inspirador para ti cuando activaste (con el apoyo de otros compañeros) un "Aula de Ciudadanía" durante el curso 2015-2016 como complemento del taller semanal que llevabas a cabo en la Escuela de Adultos de Llíria. En efecto, para los alumnos de este taller, pero de una forma más amplia para todas las personas que lo quisieran, pusiste en marcha un programa de conferencias mensuales (a veces quincenales) impartidas por expertos invitados al respecto. El programa tenía como objetivo fomentar una ciudadanía madura y responsable como base de una democracia sólida. La profesora Adela Cortina se había referido justamente en sus escritos a esta necesidad y ello dio sentido a vuestra Aula de Ciudadanía en la Escuela de Adultos. Una ciudadanía informada y capaz de saber adónde va, preocupada por el bien común y comprometida con la sociedad donde vive, desde el ámbito local al más global, pasando por el nacional y el europeo. Por el Aula fueron pasando conferenciantes muy preparados y próximos a ti, como el magistrado José Mª Tomás y Tío (de Fundación por la Justicia), el filósofo Jesús Conill, el sociólogo Joaquín García Roca o tus compañeros de Facultad Isidro Antuñano, Emèrit Bono y Víctor Fuentes.

EL REFERÉNDUM DEL BREXIT

(17 de abril de 2024)

El 23 de junio de 2016 se celebró en el Reino Unido un referéndum sobre la permanencia o no del país en la Unión Europea. El resultado fue que el 51,9% de los votantes se mostraron partidarios de abandonarla, frente al 48,1% que deseaban seguir en la misma. Un resultado, sin duda, muy ajustado. Además, en Escocia e Irlanda del Norte había predominado la opción de la permanencia, igual que sucedió en la ciudad de Londres. Pero el resultado final legitimó que se pusiera en marcha el proceso de retirada del país de la Unión, y así se hizo. Un proceso que sería largo y complejo hasta terminar el 31 de enero de 2020, de manera que el 1 de febrero de 2020 el Reino Unido dejó de ser oficialmente Estado miembro de la UE.

Recuerdas que conociste el resultado del referéndum del Brexit cuando estabas cenando con unos amigos la noche de San Juan de 2016, y la noticia te llenó de tristeza. Supiste enseguida que todos íbamos a perder algo (quizás bastante) con ello: el Reino Unido y la propia UE. Pero tu tristeza no era en modo alguno comparable con la que sintieron muchos británicos: Timothy Garton Ash entre ellos, tal como lo cuenta en su libro sobre Europa. Aquí se analiza, de forma ponderada, las causas subyacentes del Brexit. De acuerdo con Garton Ash, hubo oportunismo y manipulación de la información por parte de aquellos que lideraron la retirada del país de la UE, pero también tibieza y escasa capacidad de convicción por parte de los partidarios de la permanencia. Todo ello en un país bastante tocado aún por la crisis económica, celoso de su identidad nacional y con mucho temor a la inmigración. ¿Iba el Brexit a arreglar mejor sus problemas? Quedaba por saber, en efecto, el impacto que tendría aquella trascendental decisión en el largo plazo, tanto en el Reino Unido como en la propia Unión Europea.

CRISIS EXISTENCIAL EN LA UE

(18 de abril de 2024)

En septiembre de 2016, en su discurso sobre el estado de la Unión ante el Parlamento Europeo, el Presidente de la Comisión Europea Jean-Claude Juncker afirmó que la Unión Europea atravesaba una crisis existencial, al menos en parte. Sin embargo, enseguida aclaró que esa crisis no se debía tanto a la decisión del Reino Unido de abandonar la Unión como a otros graves problemas que abordó inmediatamente en su discurso. El Presidente Juncker se mostró respetuoso con la decisión británica (aunque la lamentó), pero aseguró que la UE no se hallaba en riesgo de existencia a consecuencia de ello. A su juicio, los grandes retos de la UE en aquellos momentos eran el paro y las desigualdades sociales, la deuda pública, la integración de los inmigrantes (y refugiados) y las amenazas a la seguridad (interior y exterior). En ese sentido, hizo una potente llamada a no dejarse abatir por unos sentimientos de desesperanza y frustración (que conducirían al triunfo de los populismos y a la fragmentación) y a buscar soluciones a los problemas comunes por la vía de una mayor unidad y solidaridad (pues la UE seguía siendo fundamental para todos).

Te maravilló aquel discurso del Presidente de la Comisión que, acto seguido, se completó con una batería de propuestas. Entre otras, reforzar el Plan de Inversiones para Europa (que ya se había lanzado el año anterior) con un Fondo Europeo para Inversiones Estratégicas (tratando de atraer también a la inversión privada), un programa de empleo dirigido especialmente a la juventud y al fomento de las empresas emergentes, y un mayor apoyo exterior orientado al desarrollo de África y los países del Mediterráneo. En definitiva, era imprescindible potenciar una recuperación económica en beneficio de todos (y particularmente de los sectores más débiles y vulnerables), de ahí la prioridad que trataba de dar al impulso de las políticas de empleo y lograr una unión económica y monetaria que fuera más profunda y más justa. Y el discurso acabó apelando a la responsabilidad de todos (las instituciones de la Unión, los Estados miembros, los mismos ciudadanos) en la continuación y mejora del proyecto europeo (acabando con "la vieja historia de que el éxito es nacional y el fracaso es europeo"). Subrayando que todos hemos de seguir construyendo juntos Europa.

LA BÚSQUEDA DE EUROPA

(19 de abril de 2024)

En el otoño de 2016 la revista *Saó* te encargó la coordinación de un cuaderno especial dedicado a la Unión Europea, pues en su opinión estábamos viviendo una crisis general de la idea de Europa. El director de la publicación (cristiana y valencianista), Vicent Boscà, destacó el aumento de las tensiones sociales y nacionalistas (de las que el Brexit era un claro exponente), las tensiones geopolíticas en el ámbito internacional (considerando las posiciones actuales de la Rusia de Putin y los Estados Unidos de Trump), así como el drama de los inmigrantes y refugiados en Europa. Sabías que no podías llegar a cubrir tantos asuntos que resultaban de interés para la revista, por lo que decidiste ser práctico y concentrarte en cinco temas importantes que podían ser tratados en profundidad por personas cercanas a ti. Os pusisteis a trabajar al respecto y al final el cuaderno fue publicado en enero de 2017.

Amparo Roca (economista de la Comisión Europea en la Dirección General de Empleo y Asuntos Sociales) consideró el delicado momento de escaso fervor europeísta que se vivía entonces, con las secuelas de la crisis y el temor ciudadano hacia las consecuencias de la globalización. En ese contexto, comentó los pasos que estaba dando la Comisión para avanzar hacia una "Europa Social", con la iniciativa estrella del Presidente Juncker en pro de un "Pilar europeo de derechos sociales". Javier de Lucas (Catedrático de Filosofía del Derecho y director del Instituto de Derechos Humanos de la Universidad de Valencia) se mostró tremendamente crítico con la respuesta dada por la UE al aumento de la inmigración y la llegada de refugiados. Cristina Crespo (estudiante de ingeniería industrial que había formado parte del Parlamento Europeo Joven) expresó el punto de vista de la juventud sobre la situación de la UE. Pilar Tamborero y tú mismo (profesores de Economía Aplicada de la Universidad de Valencia) analizasteis las posibles consecuencias económicas del Brexit (que anticipasteis serían negativas para la UE, pero más aún para el Reino Unido en términos de crecimiento y bienestar). Finalmente, Manuel Sanchis i Marco (economista en excedencia de la Comisión Europea y profesor de la Universidad de Valencia) reflexionó sobre el modo en que la UE estaba tratando de superar aquel tiempo de tantas turbulencias, fortaleciendo su compromiso institucional tras el Brexit y apuntalando su sistema de gobernanza económica y social. Y todos coincidisteis en una idea: la necesidad de buscar y lograr una Europa con mayor legitimidad política y aquiescencia ciudadana.

UN RECORRIDO COMARCAL EUROPEO

(20 de abril de 2024)

Ya no estabas oficialmente como profesor en la Universidad de Valencia, pero a lo largo de 2017 asumiste un papel docente muy activo dando charlas sobre la Unión Europea en diferentes foros cívicos. Así, el 9 de enero de dicho año el Foro de Opinión de Torrent requirió tu presencia para hablar de los principales retos europeos. Aquí dedicaste una atención especial al Brexit, considerando los diferentes escenarios a que podían conducir las negociaciones para establecer un cambio de relación entre el Reino Unido y la UE. El 13 de febrero participaste en la IX Semana de Economía de Alzira para analizar la forma en que la UE estaba tratando de potenciar la recuperación económica y social (aunque hubo numerosas preguntas relativas a los posibles efectos del Brexit sobre el comercio y el sector turístico valencianos).

El 17 de febrero 2017 tu charla tuvo lugar en el Castillo de Alaquàs con motivo de la presentación del número de la revista Saó con el cuaderno que habías coordinado sobre el futuro de Europa. Aquí subrayaste el hecho de que el Brexit había puesto a la UE, por primera vez, ante la realidad de un posible fracaso de la misma, obligándole a reaccionar con un realismo no carente de ambición política y audacia social. Luego vino una charla en Picanya en el mes de marzo, donde contaste con el apoyo de tu buen amigo Víctor Fuentes. Y otra en Quart de Poblet en el mes de abril. Y otra en la Facultad de Derecho de Valencia en el mes de mayo para celebrar el Día de Europa. Y aún otra en Bétera en pleno verano organizada por el Institut d'Estudis Comarcals del Camp de Túria. Pensaste que ya estaba bien y que convenía dosificar mucho más tus charlas en el futuro. Amabas Europa y te considerabas casi un apóstol de la misma, pero no tenías capacidad para tanta actividad y había además otras exigencias personales importantes.

LA DECLARACIÓN DE ROMA

(21 de abril de 2024)

El 25 de marzo de 2017, el Consejo Europeo se reunió de forma solemne en Roma para celebrar el 60° aniversario de los Tratados constitutivos de la actual UE. Los mandatarios de 27 Estados miembros (todos menos el Reino Unido) aprovecharon la ocasión para reflexionar sobre el estado de la Unión, reafirmar la gran importancia del proyecto comunitario y manifestar su compromiso de seguir avanzando en la gestión compartida de los problemas comunes. En ese sentido, se adoptó una relevante Declaración que se inició de este modo: "La unidad europea, que dio comienzo como el sueño de unos pocos, se convirtió en la esperanza de muchos. Hoy estamos unidos y somos más fuertes: cientos de millones de personas en toda Europa se benefician de vivir en una unión ampliada que ha superado las viejas fracturas".

Aquellas te parecieron unas bonitas palabras, pero la Declaración de Roma no se quedó ahí. Los mandatarios de la Unión aludieron a la especial preocupación de los ciudadanos europeos en los ámbitos de la política migratoria, la lucha contra el terrorismo, el crecimiento económico y la generación de empleo (con particular referencia a la juventud), la cohesión social (con atención singular a la pobreza y las desigualdades) y la acción común en la escena internacional. En ese sentido se estableció un programa para tratar de lograr: "una Europa segura y protegida, una Europa próspera y sostenible, una Europa social y una Europa más fuerte en la escena mundial". Había humildad y realismo en los propósitos establecidos: "La unidad es una necesidad y nuestra libre elección; actuaremos juntos, a distintos ritmos y con distinta intensidad cuando sea necesario, mientras avanzamos en la misma dirección". Y había también valentía y determinación: "Vamos a hacer una UE más fuerte y resiliente, mediante una unidad y una solidaridad aún mayores entre nosotros; el futuro de Europa está en nuestras manos y la Unión Europea es el mejor instrumento para lograr nuestras metas".

LA DIGNIDAD DE T. GARTON ASH Y J. R. CUADRADO

(22 de abril de 2024)

A lo largo de 2017 dos profesores universitarios comprometidos con Europa, cada uno de un modo diferente, recibieron unos merecidos homenajes que subrayaron su gran dignidad personal. Uno fue el historiador y politólogo británico Timothy Garton Ash, director del Centro de Estudios Europeos de la Universidad de Oxford, que recibió el prestigioso Premio Carlomagno. Autor de una obra importante que, según el Jurado, "impulsa un debate necesario sobre las normas y los valores europeos". El acta definía a Garton Ash como "un europeo británico y un británico europeo" que siempre ha defendido la unidad del continente y en su momento (como periodista y comunicador) contribuyó a hacer entender bien a la opinión pública los cambios recientes que acontecieron en el Este de Europa y la unificación alemana. El triunfo del Brexit en el referéndum del Reino Unido lo ha considerado como una derrota propia que le ha llevado a seguir trabajando constantemente por una vinculación de su país con la UE.

El otro profesor homenajeado en 2017 fue Juan Ramón Cuadrado Roura, catedrático de Economía Aplicada de la Universidad de Alcalá de Henares. Cercano a cumplir sus 80 años, se publicó entonces un libro en su honor (*Política económica, economía regional y servicios*) con contribuciones de colegas de toda España (coordinadas por Tomás Mancha) que destacaban sus grandes valores como docente e investigador a lo largo de muchos años de intensa dedicación universitaria. Autor de más de 60 libros, sus aportaciones han recorrido diferentes frentes, pero el más recordado es seguramente (como verdadero pionero) el relativo a la economía y la política regional (habiendo llegado a presidir la Asociación Europea de Ciencia Regional). Más allá de su sobresaliente trayectoria personal, los participantes en el libro en su honor le reconocían como auténtico maestro y subrayaban sus actitudes más admiradas: la exigencia, la honestidad, el gusto por el trabajo bien hecho, el compañerismo, el rigor en la labor docente, la curiosidad intelectual y el aprendizaje permanente. Tú fuiste uno de los que colaboraron en aquel libro, para mostrar tu deuda personal con el profesor Cuadrado Roura. Alguien que estuvo bien presente en el manual que coordinaste sobre Economía de la UE, encargándose (junto a Tomás Mancha) del capítulo relativo a la política regional y de cohesión comunitaria.

EL PILAR EUROPEO DE DERECHOS SOCIALES

(23 de abril de 2024)

El año 2017, fiel a los compromisos mostrados anteriormente por el presidente de la Comisión (en su Discurso sobre el estado de la Unión) y por el Consejo Europeo (en la Declaración de Roma), la Comisión Europea presentó el programa llamado "Pilar Europeo de Derechos Sociales". El documento fue ratificado conjuntamente por el Parlamento Europeo, el Consejo y la Comisión el 17 de noviembre de dicho año, durante la Cumbre Social Tripartita en favor del empleo justo y el crecimiento celebrada en Gotemburgo (Suecia). Con ello se deseaba seguir superando paso a paso la "crisis existencial" que afectó a la UE y el escaso fervor europeísta que la envolvió. El objetivo del Pilar Europeo de los Derechos Sociales era mejorar los resultados alcanzados hasta entonces en materia social y de empleo en la UE, a través de tres principios establecidos como complemento de los existentes en el acervo comunitario: igualdad de oportunidades y acceso al mercado laboral, condiciones laborales justas, y protección social adecuada y sostenible.

En este sentido, se establecieron orientaciones para mejorar la integración en el mercado de trabajo de los jóvenes, los parados de larga duración y los nacionales de terceros países (mediante sistemas de formación profesional, reciclaje educativo y aprendizaje a lo largo de la vida); y también para luchar contra la incitación del odio, la radicalización y cuidar en mayor grado la protección de los niños en la migración. Además, se quiso incorporar de forma creciente la dimensión social en el mecanismo de coordinación de las políticas económicas (el llamado Semestre Europeo) y se buscó una manera más eficaz de instrumentar el Fondo Social Europeo dentro de la política de cohesión.

LA DEMOCRACIA EN EUROPA

(24 de abril de 2024)

Tú aplaudiste aquel gran impulso en materia social que en 2017 los dirigentes trataron de aportar al proyecto de la UE, para reconducir sus pasos y ganar en legitimidad e identificación por parte de los ciudadanos. Era preciso, en efecto, lograr que éstos dejaran de percibir a la Unión Europea como un problema, que confiaran más en ella y la consideraran como la mejor vía posible para afrontar los tremendos desafíos del tiempo presente. Pero ello no resultaba, ciertamente, nada fácil.

Estas dificultades las explicó muy bien Daniel Innerarity en un excelente libro que publicó precisamente aquel mismo año: *La democracia en Europa. Una filosofía política de la Unión Europea*. Para este autor, profesor de la Universidad del País Vasco y del Instituto Universitario Europeo en Florencia, una de las deficiencias más corrosivas de la UE es que ésta no resulta muy inteligible para la ciudadanía. La cuestión es que Europa no tendrá sentido mientras no haya una narrativa que pueda ser entendida y aceptada por los ciudadanos. La Unión Europea sólo puede ser comprendida, según Innenarity, en el marco conceptual de una democracia compleja. Y la falta de épica ha de ser compensada por una legitimidad funcional que ha encontrado muchos obstáculos en los años de crisis. De ahí la fuerza que han ido cobrando las impugnaciones y simplificaciones populistas (de carácter nacionalista). Pero frente a ellas no cabe un discurso meramente tecnocrático, con una resonancia coactiva y de rendición ante lo inevitable. El futuro de Europa no puede depender más que de reflexiones compartidas y decisiones libres.

Daniel Innerarity trata de explicar en este libro qué tipo de innovación política supone la Unión Europea, sus insuficiencias y sus oportunidades, su peculiar sistema institucional de representación y decisión, lo que tenemos derecho a esperar de ella y lo que podemos exigirle para que sea más democrática (de acuerdo con su peculiar naturaleza). A su juicio nos hallamos ante un tipo de democracia que es menos identitaria que reflexiva, ya que lo que se comparte a través de la UE, por encima de todo, son unos riesgos y unas necesidades comunes, y a ellas resulta más ventajoso responder cooperativamente que de forma aislada (o en clave antagónica). Ahora bien, la gran recesión ha mostrado las deficiencias de este sistema de integración política y la necesidad de "politizar de verdad Europa", entendiéndola como un espacio abierto a la libertad y el protagonismo de los ciudadanos. Un espacio en el que se tengan más en cuenta las exigencias de justicia (de solidaridad y redistributivas), de acuerdo con una concepción inclusiva de la democracia.

ETAPA DE RECOMPOSICIÓN

(25 de abril de 2024)

Echas la mirada hacia atrás y contemplas el año 2018 como una etapa de cierta recomposición en la Unión Europea. Tras la dinámica tan intensa vivida el año anterior, haciendo frente a numerosos problemas en diferentes ámbitos de actividad, pareciera que ahora todo hubiera entrado en un proceso de mayor normalidad, de tarea discreta y persistente en el reordenamiento de las cosas (incluyendo los preparativos de un nuevo marco financiero plurianual a partir de 2020). Y así, en septiembre de 2018, en su Discurso sobre el estado de la Unión ante el Parlamento Europeo, el Presidente de la Comisión Europea Jean-Claude Juncker aludía al cumplimiento de diez años de la crisis financiera de 2008 (que tantas dificultades y sufrimiento comportó para Europa, al menos hasta 2014), un aniversario que ahora se veía con mayor calma al comprobar que, con las reformas llevadas a cabo en ese tiempo, la Unión había retornado a una senda más consistente de crecimiento económico y creación de empleo. El Presidente Juncker anunciaba en ese contexto su programa de acción (de carácter ordinario) para el último año de su mandato, con la perspectiva de las próximas elecciones al Parlamento Europeo en mayo de 2019.

También en España el año 2018 supuso una etapa de cierta recomposición al compás de las orientaciones europeas. Sin embargo, algo se había desencajado aquí en septiembre de 2017 que no iba a ser tan fácil de recomponer en 2018 ni en los años siguientes: el problema catalán. Tú lo viviste entonces (y también después) con suma tristeza, y publicaste sobre ello algunos artículos en la prensa. Destacaste el precioso lema de la Unión Europea, "Unida en la diversidad", que era tan aplicable al caso español. Pensaste que el separatismo era empobrecedor, en lo económico y en lo cultural, para las dos partes (como iba a suceder en el caso del Brexit), y que no había mejor alternativa que el diálogo para aplicar unas reformas convenientes en la organización territorial e institucional del Estado. ¿Por qué no entrar en el camino racional del acuerdo y esquivar las sendas envenenadas marcadas por los dogmatismos y sectarismos? ¿Por qué no sacar el máximo provecho de aquello que nos une (que es mucho) manteniendo un exquisito respeto por la diversidad de las partes? Eso escribiste por entonces expresando el deseo de lograr una buena convivencia ciudadana en el marco de una sociedad diversa, abierta y plural.

DEBATES EUROPEOS QUE NO CESAN

(26 de abril de 2024)

En septiembre de 2018 recibiste la propuesta de preparar una ponencia sobre el Modelo Social Europeo para el llamado "Foro creyente de pensamiento ético económico". Constituían este Foro un conjunto de académicos, expertos y profesionales pertenecientes a distintas universidades e instituciones españolas (como Cáritas, FUNDERÉTICA y FOESSA). Entre ellos, Enrique Lluch Frechina (Universidad CEU Cardenal Herrera), Luis Ayala (Universidad Rey Juan Carlos), Jesús Pérez Mayo (Universidad de Extremadura), Pedro J. Gómez Serrano (Universidad Complutense de Madrid), Rafael Allepuz (Universidad de Lleida y Cáritas), José Luis Fernández (ICADE, Universidad Pontificia de Comillas, Madrid), Teresa Compte Grau (Universidad Pontificia de Salamanca), Agustín Domingo Moratalla y Javier Viciano (Universidad de Valencia), Martín Carbajo (Universidad de San Diego) y Raúl Flores (Cáritas española, Madrid).

Una primera versión de tu ponencia fue debatida en una sesión del Foro que tuvo lugar en Valencia el 4 de diciembre de 2018. Tras la misma, con las aportaciones que se realizaron allí, preparaste una segunda versión que fue debatida en Madrid el 4 de marzo de 2019. Ello dio lugar a nuevas aportaciones que facilitaron un documento final que fue presentado a los medios de comunicación, con el título de "El Modelo Social Europeo y la Unión Europea", el 2 de abril de 2019. El Foro quería contribuir con este documento a realizar propuestas y enriquecer los debates previos a las elecciones al Parlamento Europeo previstas para el 26 de mayo de dicho año. Te hicieron trabajar a fondo aquellos pensadores cristianos con tan alto sentido crítico y tan honda preocupación por el malestar y las divergencias sociales. Deseaban a toda costa que la UE orientara políticas eficaces en esa dirección, para ser fiel a sus principios, evitar la desafección de la ciudadanía y cortar de raíz la demagogia que se hallaba detrás de los movimientos populistas y nacionalistas ascendentes en Europa.

BIBLIOTECAS PÚBLICAS

(27 de abril de 2024)

Ayer participaste en un acto muy sencillo y bonito que te pareció lleno de significado y esperanza. La responsable de la Biblioteca Pública de tu localidad, Dolores López Asensi, explicó en una tertulia de formación ciudadana, con un grupo de jóvenes, la función de la institución que ella dirigía y su evolución hasta el presente. Los jóvenes le plantearon numerosas preguntas que la bibliotecaria fue respondiendo con mucha agilidad y claridad. De pronto, mientras escuchabas con atención a unos y otros, te vino a la mente, a través del escenario de aquella biblioteca pública donde os encontrabais, lo que habían representado estas entidades en la historia cultural de Europa.

Las modernas bibliotecas públicas tuvieron su origen, en buena medida, en unas bibliotecas populares que se crearon a finales del siglo XIX para atender a las clases sociales más desfavorecidas. Te imaginas que ellas fueron el instrumento de que se sirvieron los maestros ilustrados para extender la educación entre la gente más humilde. A partir de mediados del siglo XX, las bibliotecas públicas de carácter municipal se van haciendo presentes en los diferentes pueblos y ciudades de toda Europa. Tuvieron el apoyo de instituciones internacionales como la UNESCO, aunque éstas fueron orientando cada vez más su labor hacia los países en desarrollo que más lo necesitaban.

Una biblioteca pública no es un mero contenedor de libros, decía Dolores López Asensi en su tertulia con los jóvenes. Y enfatizaba que las bibliotecas públicas son un espacio de creación y difusión de cultura a disposición de todas las personas de la comunidad donde se insertan. Además de libros, periódicos y revistas, disponen de otros soportes de comunicación e instalaciones de internet. En colaboración con las entidades educativas y distintas asociaciones, ofrecen servicios gratuitos para fomentar la lectura infantil y juvenil, estimulan el funcionamiento de clubs de lectura, ofrecen zonas de estudio y aprendizaje, promueven publicaciones, charlas y presentaciones de libros. En definitiva, son un punto de encuentro que invita a pensar y a formarse. A tu juicio, un elemento básico de la cultura europea.

LAS ELECCIONES DE 2019 AL PARLAMENTO EUROPEO

(28 de abril de 2024)

Recuerdas que había un gran temor al fuerte aumento de los grupos euroescépticos y nacionalistas en las elecciones al Parlamento Europeo de finales de mayo de 2019. Y, en efecto, estos grupos experimentaron un notable incremento entonces, pero no tanto como se temía. Hubo una participación en las mismas del 50,6%, que superó sensiblemente la que era habitual en el pasado (en 2014 fue del 43%). En estas elecciones, tristemente, ya no participó el Reino Unido (que aún no había abandonado oficialmente la UE, pero se hallaba en negociaciones con la misma a este respecto). El Partido Popular Europeo resultó de nuevo la formación ganadora (con el 21 % de los votos emitidos), seguido del Partido de los Socialistas Europeos (con el 18,5% de los votos). Ambos partidos vieron reducido su respaldo electoral, pero con el apoyo de una tercera formación (la de los Liberales y Demócratas) pudieron tener una mayoría suficiente para acordar un nuevo equipo de la Comisión Europea. Los grupos euroescépticos y nacionalistas lograron sus mejores resultados en Hungría, Polonia, Austria e Italia, donde sus gobiernos estaban ya en manos de partidos populistas de ese signo.

Tras las elecciones de mayo de 2019, comenzó la IX legislatura de la UE. Hubo dificultades en fijar algunos nombramientos, pero al final el Consejo Europeo (en reunión extraordinaria de 30 de junio de 2019) acordó las siguientes candidaturas a los principales puestos de responsabilidad en la UE: eligió al belga Charles Michel como nuevo presidente del Consejo Europeo, y propuso al Parlamento Europeo a la alemana Ursula von der Leyen como candidata a presidenta de la Comisión Europea, al español Josep Borell como candidato a alto representante de la UE para Asuntos Exteriores y Política de

Seguridad, y a la francesa Christine Lagarde como candidata a presidenta del Banco Central Europeo. Posteriormente, en el mes de julio, el Parlamento Europeo dio su visto bueno a dichas candidaturas, con lo que empezó a rodar la nueva legislatura europea hasta 2024.

NUEVA AGENDA ESTRATÉGICA DE LA UE

(29 de abril de 2024)

Sabes la complejidad que entrañan todos los procedimientos comunitarios, lo difícil que resulta para el ciudadano entender y seguir los pormenores del funcionamiento de la Unión Europea, pero por eso mismo se exige un mayor esfuerzo de comunicación y pedagogía por parte de los responsables de cualquier ámbito de administración comunitaria. La rueda de actuación de la UE no paraba de girar, ahora (tras las elecciones al Parlamento) con un nuevo equipo de dirigentes en marcha, pero dándose el relevo los unos a los otros para que la maquinaria comunitaria siguiera funcionando de la mejor manera posible.

Dices todo esto porque, en junio de 2019, además de los acuerdos relativos a las candidaturas para los altos cargos comunitarios, el Consejo Europeo tomó otros acuerdos cruciales para la dinámica de la UE. En efecto, en su reunión ordinaria del día 20 de ese mes, el Consejo adoptó una nueva Agenda Estratégica de la Unión para 2019-2024 y acogió con satisfacción los trabajos que se estaban llevando a cabo con el fin de preparar el nuevo Marco Financiero Plurianual de la UE a partir de 2020. La nueva Agenda Estratégica de la UE se centraba en cuatro prioridades principales (ante un mundo inestable, complejo y cambiante): proteger a los ciudadanos y las libertades; desarrollar una base económica sólida y dinámica; construir una Europa climáticamente neutra, ecológica, justa y social; y promover los intereses y valores europeos en la escena mundial.

Puedes imaginar los sufrimientos y dificultades que tendrían Mariam Camarero y Cecilio Tamarit para cerrar ese curso (con tantos frentes abiertos) una nueva edición (la octava) del manual de Economía de la UE que ahora ellos coordinaban (ya sin tu presencia). Por experiencia sabes que todos los capítulos deberían enviarse terminados a la editorial Cívitas a principios del verano de 2019 para que el libro llegara a publicarse (como así sucedió) en septiembre de dicho año. Pero así son las cosas y, con una recomposición del equipo colaborador, la nueva edición del manual volvió a ser un buen instrumento de docencia de la materia, en diversas universidades españolas, a partir del curso 2019-2020.

PRIORIDADES DEL EQUIPO DE VON DER LEYEN

(30 de abril de 2024)

En diciembre de 2019 comenzó a operar la nueva Comisión Europea presidida por Ursula von der Leyen. Ésta expuso entonces ante el Parlamento Europeo los objetivos principales de su mandato, que estaban en línea con las prioridades de la Agenda Estratégica adoptada por el Consejo Europeo para el período 2019-2024. Se trataba de las siguientes seis metas que ella estimaba cruciales para el futuro de Europa: 1) alcanzar la neutralidad climática para 2050 (estableciendo un Pacto Verde Europeo para lograr una economía más moderna y eficiente en el uso de los recursos); 2) adaptar Europa a la Era Digital (perfilando una estrategia para capacitar a las personas con la nueva generación de tecnologías); 3) fomentar una economía al servicio de las personas (promoviendo un crecimiento que genere empleos de calidad, especialmente para los jóvenes y las pequeñas empresas) ; 4) reforzar el papel de la UE en el mundo con un enfoque más geopolítico (defendiendo el multilateralismo y un orden mundial basado en normas); 5) promover nuestro modo de vida europeo (protegiendo el estado de Derecho y con él la justicia y los valores fundamentales de la UE); y 6) imprimir un nuevo impulso a la democracia europea (dando más voz a los ciudadanos y protegiendo nuestra democracia frente a las injerencias externas, como las informaciones falsas o los mensajes de odio).

Viste con mucha simpatía a la nueva presidenta de la Comisión Europea que, con exquisita educación y buen compañerismo, agradeció la labor realizada por el equipo anterior presidido por Jean-Claude Juncker, y acto seguido se lanzó a emprender con gran entusiasmo y espíritu de consenso su propio mandato. "A veces nos olvidamos que nuestros mayores logros los conseguimos siempre que somos audaces", eso señaló ante el Parlamento Europeo la presidenta de la Comisión Ursula Von der Leyen (para referirse a la búsqueda de la paz en Europa, a la creación de un mercado único y una moneda única, y al progresivo acogimiento de nuevos miembros a la familia europea). Y pidió el apoyo de la cámara para su equipo que se comprometió a trabajar a fondo por el interés común europeo. Tenía un programa a este respecto (el que presentó ante el conjunto de los eurodiputados). Pero lo que no sabía ella entonces (como ninguno otro mandatario en Europa y en el mundo) es que 2020 plantearía de inmediato unos retos inesperados (de trascendental alcance) que obligarían a modificar y adaptar aquel programa de actuación.

VI

BUSCAR UNA EUROPA ABIERTA Y SOLIDARIA

COMPROMISOS DE LA ONU PARA 2020-2030

(1 de mayo de 2024)

Han pasado sólo cuatro años y, sin embargo, tienes la impresión de que el tiempo transcurrido ha sido mucho mayor. El año 2020 empezó cargado de inquietud. Los medios de comunicación aludían a la emergencia del cambio climático, a los retos del cambio tecnológico, al auge del populismo, a las crecientes desigualdades sociales y territoriales, a las tensiones geopolíticas globales (protagonizadas por Estados Unidos, China y Rusia), a los conflictos en determinadas zonas (como África y Oriente Próximo), a las oleadas de refugiados y emigrantes huyendo hacia Europa en condiciones tan difíciles e inhumanas. A tenor de las noticias, aquel parecía un mundo desconcertado y desorientado. Pero, en ese contexto plagado de dificultades, también existía la acción cooperativa y solidaria.

En el marco de la Organización de Naciones Unidas, a partir de 2015 se había puesto en marcha una nueva Agenda de Desarrollo Global sucesora de los Objetivos de Desarrollo del Milenio (operativos hasta entonces desde el año 2000). El nuevo programa de actuación, conocido como Agenda 2030, se centraba en 17 Objetivos de Desarrollo Sostenible con el fin de lograr un futuro mejor para el mundo en su conjunto. Ahora, en 2020, era el momento de poner toda la carne en el asador para ejecutar adecuadamente dicho programa a lo largo de la década por delante hasta 2030. Como es sabido, se trata de compromisos relativos a la pobreza y el hambre, la educación y la salud, la igualdad de género, el agua y la energía, el trabajo decente y las desigualdades sociales, las infraestructuras y las áreas urbanas y rurales. Unos compromisos asumidos seriamente por la Unión Europea, marcándole directrices muy precisas en su política de cooperación al desarrollo.

Escribiste algún artículo sobre todo ello para la prensa en enero de 2020, sumándote a los debates respecto a los amplios problemas que había en el horizonte. Nadie presagiaba entonces que pronto emergería otro tremendo e inusitado problema de alcance global que provocaría la angustia de la humanidad en su conjunto: la pandemia del coronavirus, que se originó en China en diciembre de 2019 y se propagó acto seguido por todo el mundo, alcanzando Europa (y en concreto España) en marzo de 2020.

LA CONSUMACIÓN DEL BREXIT

(2 de mayo de 2024)

El 1 de febrero de 2020 quedó consumado definitivamente el Brexit, es decir, el Reino Unido dejó de ser oficialmente Estado miembro de la Unión Europea. Tras el referéndum de 2016 hubo un largo procedimiento de salida (con unas complicadas negociaciones de por medio) que llevaron hasta ese final. Desde ese momento, quedó pendiente establecer un nuevo Acuerdo de Comercio y Cooperación entre el Reino Unido y la UE que se llevó a cabo durante los 22 meses siguientes hasta llegar a firmarse el 31 de diciembre de 2021. Todo ello había resultado realmente triste y traumático para la UE, pero ésta lo estaba asumiendo ya y empezaba a pasar página. La vida continuaba y el proyecto europeo debía seguir adelante con el decidido compromiso de los 27 países que formaban parte del mismo.

Tú viviste aquella separación con un ingrediente personal añadido. No podías olvidar que una parte de tu formación académica en materia de integración económica la habías recibido precisamente en el Reino Unido, de la mano de magníficos profesores como, por ejemplo, Geoffrey Denton y George Yannopoulos (de la Universidad de Reading) y Robert Hine (de la

Universidad de Nottingham). De ellos aprendiste a analizar los efectos y exigencias de un proceso de integración económica, aunque no las consecuencias de una experiencia de desintegración como la que ahora había acontecido por primera vez en la historia de la UE y el Reino Unido.

El tiempo dirá qué repercusiones acabará teniendo el Brexit en el largo plazo, tanto en el ámbito económico como en los ámbitos político, social y cultural. Lamentablemente la UE ha perdido un importante Estado miembro, y el Reino Unido se ha cerrado muchas puertas al descartar seguir vinculado al proyecto europeo. El profesor Timothy Garton Ash se preguntaba en algún momento cómo era posible que el pueblo británico, tan conocido en el mundo por su pragmatismo y sentido común, hubiera optado por una vía tan contraria posiblemente a sus intereses como el Brexit. Una pregunta que más que incredulidad denotaba bastante melancolía. Una melancolía que también compartes tú al igual que otros muchos europeístas del continente.

EN VÍSPERAS DEL CONFINAMIENTO

(3 de mayo de 2024)

Estás a punto de salir de casa. Esta mañana participas en una mesa redonda moderada por Jorge Hermosilla en la Facultad de Geografía e Historia de la Universidad de Valencia. Lo haces junto a otros dos conocidos profesores de dicha Facultad que son de tu misma generación: Juan Piqueras y Joan Romero. El primero es un gran conocedor de la realidad territorial valenciana, con especial mención del sector vitivinícola y sus aspectos comerciales. El segundo ha centrado su atención en la geografía política, la estructura del Estado y la gobernanza territorial en España y en Europa. Jorge ha querido reuniros a los tres en un coloquio ante sus alumnos, y a ti te ha encomendado que hables de los retos actuales de la Unión Europea.

De pronto vuelves a febrero de 2020, en vísperas de la pandemia, cuando recuerdas que participaste en otra mesa redonda, en la Facultad de Economía, con motivo del 50 aniversario de la cuarta promoción de sus licenciados. En esta ocasión los participantes eráis cuatro veteranos profesores de la misma: Víctor Fuentes, Aurelio Martínez, Luis Tormo y tú mismo. Entonces hablaste de la salida definitiva del Reino Unido de la Unión Europea y de la nueva agenda estratégica de ésta a partir de la cual se estaba tratando de acordar el marco presupuestario plurianual 2021-2027. En efecto, el Consejo Europeo celebró una reunión extraordinaria los días 20 y 21 de febrero de 2020 para tratar de alcanzar dicho acuerdo, pero ello aún no pudo lograrse. La prensa filtró el enfrentamiento que hubo en esa cumbre entre los países partidarios de frenar el gasto comunitario (Austria, Dinamarca, Holanda o Suecia) y los países favorables a un su mayor aumento (España, Grecia, Polonia, Portugal o Rumania), situándose en algún punto entre medio los países más grandes (Alemania, Francia e Italia).

LA ESCENA MEDITERRÁNEA

(4 de mayo de 2024)

A primeros de marzo de 2020, poco antes de decretarse el confinamiento por la pandemia del coronavirus, recuerdas que todavía impartiste una charla en el curso sobre Geografía de Europa del que era responsable el profesor Javier Esparcia (de la Facultad de Geografía e Historia de la Universidad de Valencia). Les hablaste a sus alumnos de la imagen que ofrecía el Mediterráneo en los tiempos actuales. Hablar del Mediterráneo era hablar de un constante movimiento migratorio que incluía a miles de refugiados que escapaban de un infierno en el Sur y el Este de la región y se estrellaban contra una fortaleza en Europa. Era pensar en la destrucción de Siria y en la amenaza del yihadismo. Contemplar la deriva autoritaria de Egipto y la fragmentación de Libia. Considerar la opacidad y escasa apertura de Argelia, frente a una dinámica un tanto dudosa en Túnez y algo más prometedora en Marruecos.

Ante una panorama tan apesadumbrado y complejo como ése, era fácil dejarse llevar por el pesimismo y olvidar una política mediterránea de la UE que no parecía haber servido demasiado después de tantos años de ejercicio de la misma. Sin embargo, tú les transmitiste a aquellos estudiantes el sentir de los mejores expertos en el área. No cabía el abandono. Era preciso reorientar las cosas y activar una política mediterránea en positivo por parte de Europa. Implementar una agenda que ampliara los proyectos de cooperación más allá de las relaciones económicas y comerciales. Que diera prioridad a los temas relativos a la juventud y la generación de empleo, el medio ambiente y las energías renovables, el diálogo cultural y el empoderamiento de la mujer.

Era cierto que no se habían materializado las esperanzas transformadoras que inspiraron en su momento la creación de la Asociación Euromediterránea, pero tampoco se podían enterrar definitivamente las mismas. El Mediterráneo es en la actualidad una de las zonas más vulnerables a las amenazas del cambio climático y ello exige un serio programa de colaboración entre las dos riberas. Y además seguir trabajando juntos para hacer de esta región un espacio de encuentro y convivencia cultural y humana, y evitar así que continúe siendo un área tormentosa (frontera de conflictos, desastres y muerte).

DE PRONTO LA PANDEMIA

(5 de mayo de 2024)

Era marzo de 2020 y entonces nos cayó encima la pandemia del coronavirus. Recuerdas la pesadumbre con que se vivió aquella situación, pero no quieres entretenerte ahora en pensamientos demasiado tristes. Traes a tu memoria, eso sí, el gran esfuerzo colectivo que requirió responder a la gravísima crisis (sanitaria y económica) que desató el covid-19. Cada nivel de gobierno (local, regional, nacional, europeo) tuvo que asumir ahí un papel de responsabilidad importante. Eran tiempos adversos que demandaban un gran espíritu solidario. Y la Unión Europea, esta vez sí, supo estar a la altura de las circunstancias, ejerciendo una función clave de coordinación y respaldo de la tarea de todos los Estados miembros.

De manera inmediata, apenas emergió la crisis, dio un marco apropiado para apoyar las urgentes respuestas nacionales, tanto en el ámbito monetario (facilitando el Banco Central Europeo una mayor liquidez al sistema económico) como fiscal (suspendiendo las normas de disciplina presupuestaria para dar un desahogo a las necesidades de gasto público y evitar una austeridad peligrosa). Además, en abril de 2020 los Ministros de Economía de la UE (el Eurogrupo) crearon tres redes de seguridad al respecto: un programa para respaldar los esquemas de protección del empleo en cada país (los ERTE en España), una línea de créditos del Banco Europeo de Inversiones para las pequeñas y medianas empresas, y otra línea de crédito del Mecanismo Europeo de Estabilidad para el gasto sanitario de los Estados miembros.

Pensaste que la UE había aprendido de algunos errores graves cometidos en la gran recesión anterior y ahí estaba ahora llevando a cabo una adecuada respuesta político-económica común, más rápida y solidaria que la efectuada entonces. Era la oportunidad para demostrar el gran valor y sentido de la UE frente a los nacionalismos y los populismos crecientes (engañosos y estrechos de mira). La oportunidad para frenar el euroescepticismo que estos pregonaban, mostrando la implicación de la UE ante los desafíos comunes sin dejar solos a los Estados miembros más débiles y vulnerables.

LA MUERTE DE DULCE CONTRERAS

(6 de mayo de 2024)

El viernes 27 de marzo de 2020, en plena crisis sanitaria provocada por el coronavirus, el decano de la Facultad de Economía de Valencia, José Manual Pastor, os enviaba un correo electrónico a todos los miembros de la misma para haceros saber que acababa de fallecer vuestra compañera Dulce Contreras Bayarri. Quedaste conmocionado al leer aquel correo. Su muerte simbolizaba la de tantas personas en aquella situación, todo un dolor colectivo.

Dulce era una persona muy querida en la Facultad de Economía y en el conjunto de la Universidad de Valencia. Catedrática de Econometría, formó parte de la primera promoción de licenciados en dicha Facultad (los estudiantes del curso 1966-67 al curso 1970-1971) y había sido directora del Departamento de Análisis Económico durante muchos años, así como Vicerrectora y miembro del Consejo de Gobierno de la Universidad. Su vida estuvo dedicada plenamente a la Facultad y a la Universidad, a sus clases, a sus estudiantes y a sus compañeros.

Te queda el entrañable recuerdo de una Dulce sumamente alegre, penetrada de alma juvenil, tan atenta con todos y llena de sentido común. Una Dulce siempre libre e independiente, con tan buen criterio y enorme entusiasmo en todo lo que hacía. Una Dulce con la que te agradaba tanto conversar, con la que coincidiste en una breve estancia formativa en Londres en septiembre de 2004 y que orientó tan acertadamente tus lecturas de novela histórica; por ejemplo, *El Puente de Alcántara*, de Frank Baer. Una Dulce europeísta y humanista a la que gustaba decir que el pasado nos enseña a reconocer el inconmensurable valor de la paz y el entendimiento mutuo.

PLAN EUROPEO DE RECUPERACIÓN

(7 de mayo de 2024)

Además de la respuesta urgente a los problemas inmediatos planteados por la pandemia, era también preciso encarrilar un plan europeo de recuperación a medio y largo plazo. Eso es lo que consideró el Consejo Europeo en su reunión del 23 de abril de 2020, en la que se encargó a la Comisión Europea la elaboración de una propuesta a este respecto y la vinculación de ésta con el marco presupuestario 2021-2027 (pendiente de ultimar igualmente). Entre mayo y junio se fueron dando pasos progresivos en esa dirección hasta que, en su reunión extraordinaria del 17 al 21 de julio de 2020, el Consejo Europeo adoptó los acuerdos cruciales en la materia.

Recuerdas que fue el Presidente del Consejo, Charles Michel, quien trasladó esos acuerdos a la prensa y lo hizo con gran satisfacción, subrayando que eran los que necesitaba Europa en esos momentos. Por un lado, se lanzó un plan europeo de recuperación, cuyo principal instrumento era el Fondo de Recuperación de la UE (Next Generation EU), dotado con 750.000 millones de euros que se captarían de los mercados financieros (toda una gran novedad). Por otro lado, el Consejo acordó por fin el Marco Financiero plurianual de la UE 2021-2027, con un presupuesto de 1,074 billones de euros (con cargo a los recursos propios).

Todo ello constituía realmente un esfuerzo financiero sin precedentes por parte de la UE, para apoyar la recuperación ante la crisis de la pandemia y facilitar la transformación de las economías europeas en una vía de transición ecológica y digital, cuidando la cohesión social y territorial. España podría beneficiarse de esa gran actuación comunitaria a través del Plan Nacional de Recuperación y Transformación que el Gobierno debía presentar a la Comisión Europea, un plan que se ejecutaría lógicamente con el concurso imprescindible de las Comunidades Autónomas.

EL BUEN TESTIMONIO DE UN IMÁN

(8 de mayo de 2024)

Ahora te das un respiro en los problemas de la pandemia, aunque sigues situado en ese período. Recuerdas un acto que tuvo lugar en el otoño de 2020 en las afueras de París, en la mezquita de Drancy, y causó toda tu admiración. Se celebró allí un homenaje al profesor de Historia Samuel Paty que había sido cruelmente decapitado (cerca del Instituto donde trabajaba) por un joven integrista islámico. La oración fue dirigida por Hassen Chalghoumi, presidente de la Conferencia de Imanes de Francia, que defiende al Gobierno francés en su lucha contra ese tipo de terrorismo y postula un islam moderado integrado en la Constitución del país.

El imán Chalghoumi, que nació en Túnez en 1972 y vive en Francia desde finales de los años 90, aboga por un islam abierto al diálogo con otras religiones (como el judaísmo y el cristianismo). Ha ejercido funciones de mediación entre el Ayuntamiento de Drancy y los colectivos musulmanes. Todo ello ha tenido un notable coste para él, sufriendo numerosas amenazas y atentados por parte de radicales islamistas. Ha asumido, sin embargo, dicho coste por su firme convicción de trabajar en favor de una buena convivencia.

Piensas en el buen testimonio de este Imán. Las sociedades europeas son cada vez más diversas y no hay que rasgarse las vestiduras por ello. Es un reto con el que tenemos que aprender a vivir con esperanza y sin miedo, de forma creativa y positiva. Desde municipios pequeños y medianos hasta grandes urbes como Madrid, Barcelona o Valencia. En ésta, por ejemplo, existe un Foro para el diálogo Interreligioso Internacional denominado *Transcendence* (FIIT). Lo integran representantes de cinco tradiciones religiosas (cristianismo, judaísmo, islam, hinduismo y budismo) y trabaja también en favor de una buena convivencia (en contra de cualquier tipo de confrontación religiosa y el fomento del miedo y el odio al diferente).

EL MARCO PRESUPUESTARIO EUROPEO 2021-2027

(9 de mayo de 2024)

Hoy día de Europa, lo celebras participando en un acto de la Escuela de Adultos de Llíria para hablar esta tarde, junto al juez Antonio Giménez Raurell, de los valores y retos actuales de la Unión Europea. Tu memoria, sin embargo, te lleva ahora a enero de 2021 cuando, tras ser aprobado por el Parlamento y el

Consejo Europeo, entró en vigor el Marco Financiero Plurianual de la UE para el período 2021-2027. A través del mismo quedó establecido un presupuesto comunitario a largo plazo del orden de 1,0743 billones de euros, estructurado en siete ejes de actuación básicos y proporcionando financiación a más de cuarenta programas europeos en esos siete años.

El primer eje de actuación recoge la política orientada a lograr la transición ecológica y digital de la UE, y el segundo la política de cohesión social y territorial. Dos ámbitos que se verán reforzados, más allá del presupuesto, por la financiación del Fondo Europeo de Recuperación (apoyando los planes al respecto de los diferentes Estados miembros). El tercer eje de actuación presupuestario contiene la política agraria y medioambiental de la UE. Y estos tres primeros ejes representan en conjunto la mayor parte del presupuesto comunitario. El resto lo definen las acciones en los ámbitos de la migración y gestión de fronteras, seguridad y defensa, y la política exterior y de cooperación al desarrollo.

Recuerdas que explicaste todo esto después ante diferentes auditorios, como el Aula de Ciudadanía de Llíria o el curso de Geografía de Europa dirigido por el profesor Javier Esparcia. Y en ellos pretendiste mostrar algo más que números o rúbricas contables. Subrayaste que había una acción colectiva fundamental por parte de la UE para remontar la crisis que representaba la pandemia del coronavirus y acometer una transformación estratégica de los diferentes países con vistas al futuro.

EN BUSCA DE SENTIDO

(10 de mayo de 2024)

En marzo de 2021, tras un año pandemia, era patente el sufrimiento que habían tenido muchas personas por la pérdida de seres queridos, su estado de salud o problemas económicos. Absurdamente, ello se acompañaba con un ambiente de intensa polarización política y crispación social. Era un contexto propenso para preguntarse por el sentido de la vida, y sobre ello te hicieron reflexionar entonces dos obras clásicas de la cultura europea contemporánea.

En la película *El séptimo sello* (1957), de Ingmar Berman, un caballero medieval regresa a su país (Suecia) después de haber luchado durante diez años como cruzado en Tierra Santa. Vuelve desencantado, vacío, y se pregunta por el sentido de la vida ante el aparente "silencio de Dios". Toda Europa se halla sumida entonces (siglo XIV) en la dramática pandemia de la *Peste Negra*, y él juega una partida alegórica de ajedrez con la Muerte. Su propósito es ganar tiempo para disipar algunas dudas y, en última instancia, realizar un acto que dé sentido a su existencia antes de morir. Al final lo consigue ayudando a salvarse a una familia: un acto de amor que le permite, a la postre, marcharse de este mundo en paz.

En su relato autobiográfico *El hombre en busca de sentido* (1946), el psiquiatra austriaco Viktor Frankl reconstruye su terrible experiencia como deportado en varios campos de concentración nazis (uno de ellos Auschwitz) de 1942 a 1945. Allí pudo sobrevivir milagrosamente, aunque no así el resto de su familia (su mujer embarazada, sus padres, su hermano y su cuñada) ni muchos otros amigos y colegas. En esa delicada situación anímica, con la crueldad del holocausto en la memoria, ¿cómo se puede curar el sufrimiento y sanar tan grandes heridas?, ¿cómo rehacer la existencia y reorientar los pasos en el camino? Él toma la determinación de asumir las exigencias que la vida le plantea y responder a las mismas orientado por el sentido del amor. A su juicio, cada cual es un caso singular y ha de responder por sí mismo a las demandas de la vida, pero conviene hacerlo siempre a través del amor que constituye la esencia de la existencia.

En marzo de 2021, había quedado atrás un año de grandes dificultades y podía comprobarse que son muchas las personas de buena voluntad que aparecen siempre en todos los ámbitos de la sociedad. Pensabas que debía aprenderse de aquellos que, en medio de las adversidades, dan un constante testimonio de humanidad (a veces sumamente discreto) en su comportamiento diario. Haciendo comunidad, mostrando compromiso y confianza en su entorno próximo, ofreciendo cordialidad y esperanza a los demás. Ayudándonos a encontrar un sentido a la vida.

FRATERNIDAD Y AMISTAD SOCIAL

(11 de mayo de 2024)

Ahondando en la reflexión anterior sobre el sentido de la vida, en abril de 2021 cayó en tus manos una encíclica de gran calado social publicada por el Papa Francisco en octubre de 2020: *Fratelli tutti* (Todos hermanos). Se halla dedicada a ensalzar la fraternidad como un valor fundamental para ordenar la convivencia humana tanto a escala nacional como internacional. A su vez, realiza una severa crítica de los planteamientos y regímenes populistas y liberales de carácter extremo. Al igual que en su anterior encíclica de 2015, *Laudato SI'. Sobre el cuidado de la casa común*, en ésta el Papa pretende influir de manera notoria en los debates y procesos de decisión públicos, especialmente los que tienen lugar en Europa. Ambas encíclicas constituyen una llamada a corregir las numerosas disfunciones y distorsiones del sistema económico actual, a no perder nunca de vista la dignidad humana y a poner siempre la política y la economía al servicio del bien común.

Según el Papa, los nacionalismos extremos operan en contra de un desarrollo humano más armonioso y vacían de sentido los principios de la democracia, la libertad, la justicia y la unidad. Francisco invita a todos a ser audaces y acometer juntos un proyecto común forjando una comunidad de pertenencia y solidaridad, empezando por la Organización de Naciones Unidas. Para ello hace falta cultivar, a través del diálogo, una cultura del encuentro y la amistad social. Una cultura del respeto, la tolerancia, la convivencia y la paz. Un diálogo generador de puentes y consensos, reconociendo la diversidad y ofreciendo caminos de promoción e integración social. Una cultura que recupere y cultive la amabilidad en todos los ámbitos de la vida social, creando una convivencia capaz de prevenir y vencer las incomprensiones y los conflictos.

También las religiones pueden jugar, ciertamente, un papel importante en ese camino de encuentro y construcción de paz y amistad social. Francisco manifiesta el compromiso de la Iglesia Católica a este respecto, y termina la encíclica con el recuerdo emocionado de algunos de los grandes constructores de paz y fraternidad en la historia de la humanidad: Francisco de Asís, Martin Luther King, Desmond Tutu, Mahatma Mohandas Gandhi y Charles de Foucauld.

REFORZAR EL ALMA EUROPEA

(12 de mayo de 2024)

El 15 de septiembre de 2021, en su discurso sobre el estado de la Unión, la presidenta de la Comisión Europea, Ursula von der Leyen, habló de la necesidad de seguir reforzando el alma de la UE. Indicó que había sin duda un espíritu fuerte en el proyecto europeo, lo cual se podía comprobar más aún en todo lo que las instituciones comunitarias se hallaban realizando desde los inicios de la pandemia. Citó a Robert Schuman, quien dijo que Europa necesitaba un alma, un ideal y una voluntad política para lograrlo. A su juicio, ello se había manifestado con claridad ante la grave crisis sanitaria y económica vivida recientemente, luchando todos juntos por superarla de forma coordinada y solidaria.

Te gustaron mucho sus palabras. Animaba a seguir actuando con ese mismo espíritu tanto en la adversidad como en la recuperación. Prosiguiendo con los esfuerzos sanitarios (de vacunación) e impulsando la transformación económica y social de los países comunitarios mediante los mecanismos establecidos al respecto (con el Fondo Europeo de Recuperación y el nuevo Marco Presupuestario). Aludió a los valores europeos (la democracia, la libertad, los derechos humanos), a la exigencia de poner en práctica el pilar social de la Unión, al compromiso con la juventud, a la lucha contra el cambio climático, a la colaboración responsable en la gobernanza del orden internacional, a la cooperación al desarrollo y a la defensa frente a las acciones que tratan de desestabilizar la UE (con triste alusión al régimen de Putin).

PLAN DE ACCIÓN PARA LA ECONOMÍA SOCIAL

(13 de mayo de 2024)

En línea con esa necesidad de reforzar el alma europea, en diciembre de 2021 la Comisión presentó el Plan de Acción de la UE para la Economía Social. Su objetivo es fomentar el crecimiento y el potencial de este tipo de economía, contribuyendo con ello a lograr una recuperación más justa e integradora tras la pandemia y a afianzar también las transiciones ecológica y digital de los Estados miembros. Te informó sobre este Plan Rafael Chaves, catedrático de Economía Aplicada de la Universidad de Valencia y especialista en el tema. Un día de finales de 2022, os visteis en la Facultad y te explicó que este Plan se enmarca dentro del Pilar Europeo de Derechos Sociales y busca proteger los derechos de los ciudadanos, garantizando igualdad de oportunidades y acceso al mercado laboral, condiciones de trabajo justas y protección e inclusión social.

Tan servicial como siempre, Rafael Chaves te comentó asimismo los tres campos principales hacia los que se dirigen las iniciativas y medidas de dicho Plan: construir una economía que funcione para las personas, promover los derechos de las personas con alguna discapacidad, y apoyar el emprendimiento social y las empresas cooperativas. Con todo lo cual se quiere crear un entorno más favorable para la economía social y garantizar la inclusión y el bienestar de todos los ciudadanos europeos. Y todo esto te lo decía un compañero con una amplia experiencia docente e investigadora en la materia, alguien que había trabajado en proyectos nacionales e internacionales financiados por instituciones comunitarias (como el Comité Económico y Social Europeo, la Dirección General V o el 7º Programa Marco de la UE) y era miembro del Grupo de Expertos en Economía Social y Empresas Sociales de la Comisión Europea (durante el período 2018-2024).

LA FUNDACIÓN NOVATERRA Y EUROPA

(14 de mayo de 2024)

A principios de 2022, un representante de la Fundación Novaterra, Joan Gandía, se puso en contacto contigo y te propuso la preparación de un breve texto sobre la Europa social para propiciar un debate de su grupo a este respecto. Te agradó la idea y, en breve tiempo, les enviaste tu escrito. Recopilaste allí las políticas instrumentadas por la UE ante la crisis provocada por la pandemia del coronavirus (en los ámbitos sanitario, económico y social) e informaste del contenido y calibre de sus mecanismos financieros (el Fondo Europeo de Recuperación y el Marco Presupuestario 2021-2027). Además, aludiste al Plan Nacional de Recuperación, Transformación y Resiliencia adoptado por España en este contexto. Un plan que tenía previstas reformas de gran alcance en los campos del cambio climático y la transición energética, la administración pública y la justicia, el mercado laboral y las políticas sociales, el sistema educativo y los servicios sanitarios, el sistema fiscal y las pensiones públicas.

El grupo de la Fundación Novaterra debatió aquel escrito y te hizo unas sugerencias de gran interés que contribuyeron a mejorarlo notablemente antes de que fuera publicado en la prensa. La Fundación Novaterra desea una Europa que prosiga su proceso de integración fijando sus prioridades en lograr una mayor inclusión, cohesión y convergencia social. Una Europa que respete y acoja los movimientos migratorios y muestre su capacidad para integrarlos en nuestra sociedad. Una Europa que muestre su compromiso con el conjunto mundial a través de políticas eficaces de cooperación al desarrollo en el marco de la Agenda 2030 de Naciones Unidas. Una Europa que apueste por el diálogo social y la potenciación del ámbito educativo y cultural para forjar una auténtica ciudadanía europea, libre y responsable, frente a cualquier tipo de tentaciones populistas. Una Europa fiel a sus valores que avance en el camino de un desarrollo humano integral.

RUSIA INVADE UCRANIA

(15 de mayo de 2024)

Las tropas de Vladimir Putin invadieron Ucrania el jueves 24 de febrero de 2022. Hacía ya unas semanas que esta amenaza se divisaba en el horizonte. Estados Unidos y la Unión Europea pretendían un diálogo que Rusia esquivaba de forma sibilina. Y el día anterior a la invasión, Rusia reconoció la independencia de las regiones separatistas de Ucrania y desplegó sus fuerzas militares cerca de las mismas sin atenerse a razón alguna. Con la invasión de Ucrania, Putin pretendía culminar su estrategia de dominio que inició en marzo de 2014 con la anexión de Crimea, y prosiguió después con el apoyo del conflicto separatista en las regiones del sur y este del país. Todo era muy triste y dramático.

Aquella era la guerra de un gran dictador, según escribiste por entonces en un artículo en la prensa. La Unión Europea y Estados Unidos (Occidente en pleno) reaccionaron de inmediato apoyando a Ucrania y levantando sanciones sobre Rusia. Putin planeaba una ocupación rápida del país que no se produjo por la resistencia inesperada del ejército de Ucrania. Y así empezó una larga guerra de desgaste que está causando tantos daños y problemas en todos los órdenes (personales, sociales, políticos, económicos). Hablaste sobre ello en un acto al que fuiste invitado para celebrar el día de Europa (en mayo de 2022) en la Facultad de Geografía e Historia de la Universidad de Valencia.

Timothy Garton Ash dedica la última parte de su libro sobre Europa a la guerra en Ucrania, terminando con estas palabras de carácter profético: "El intento de Putin de restaurar el Imperio ruso apoderándose de Ucrania tal vez resulte ser parte de un proceso largo y doloroso que en el transcurso de la primera parte del siglo XXI lleve a Rusia a aceptar por fin que ha perdido su imperio y a buscar un nuevo papel".

DEMOCRACIA FRENTE A AUTOCRACIA

(16 de mayo de 2024)

El 14 de septiembre de 2022, la presidenta de la Comisión Europea, Úrsula von der Leyen, dedicó su discurso sobre el estado de la Unión ante el Parlamento Europeo a hablar de la guerra en Ucrania. Un conflicto absurdo y brutal que tenía estremecida a toda Europa "ante el resurgir del implacable y cruel rostro del mal". Habló de los miles de refugiados ucranianos y de la solidaridad de los países europeos. De la respuesta unánime y resuelta de la UE en su apoyo a Ucrania, porque la guerra declarada por Rusia a este país, según sus palabras, "es la guerra de la autocracia contra la democracia, contra nuestra energía, nuestra economía, nuestros valores y nuestro futuro".

Se refirió a la ayuda militar y la asistencia financiera europea al pueblo ucraniano, y también a las medidas puestas en marcha por la Comisión para ayudar a las familias y las empresas europeas a afrontar la crisis energética. Para reducir la dependencia de la UE de los combustibles fósiles rusos e invertir en energías renovables (en particular en hidrógeno) aprovechando los recursos del Fondo Europeo de Recuperación. Para adaptarnos con mayor rapidez y determinación al desafío del cambio climático y proteger el medio ambiente, según las pautas marcadas en el Pacto Verde Europeo (dentro del Marco Presupuestario 2021-2027).

Finalmente, Úrsula von der Leyen expresó la firme voluntad de la UE de seguir defendiendo la democracia y el Estado de Derecho dentro y fuera de sus fronteras. Y terminó su discurso haciendo referencia a una visita que había realizado, tres semanas antes, a la comunidad ecuménica de Taizé (en Francia) de carácter tan abierto y plural (desde que la fundara el Hermano Roger en 1940). Allí se reunió y dialogó con unos 1.500 jóvenes de toda Europa y otras partes del mundo y le conmovieron los valores e ideales que les conectaban por encima de la diversidad de orígenes y puntos de vista. Todos ellos se sentían unidos por algo más grande que ellos mismos. De algún modo, simbolizaban la esencia del mismo proyecto europeo. Y te agradó esa referencia a Taizé porque conoces el espíritu de dicha comunidad y lo compartes en gran medida.

EL PREMIO VICENT VENTURA

(17 de mayo de 2024)

El día 1 de diciembre de 2022 recibiste el Premio Vicent Ventura que otorgan cada año las universidades públicas de Valencia y Jaume I de Castellón (más otras instituciones valencianas) a personas o colectivos que se han distinguido de algún modo por su trayectoria cívica y el compromiso con la Comunidad Valenciana. Junto a ti lo recibió también aquel año el servicio de Publicaciones de la Universitat de València, para celebrar el centenario de su creación. Por supuesto te llenó de satisfacción dicho galardón, porque admirabas la figura de aquel insigne periodista e intelectual valenciano (nacido en Castelló de la Plana en 1924 y fallecido en Valencia en 1998) a quien además tuviste la suerte de conocer personalmente.

En 1962 Vicent Ventura tuvo la osadía de participar en el IV Congreso del Movimiento Europeo que se celebró en Munich, lo que le valió el exilio (primero en París y después confinado en Denia). Posteriormente fundó una agencia de publicidad y realizó colaboraciones en la prensa. Era un buen conocedor de la realidad europea (más aún de la economía y la sociedad valencianas) y ello lo demostró notablemente en sus artículos periodísticos. Siempre se mostró partidario del proyecto europeo y abogó por la vinculación de nuestro país con el mismo. Fue un hombre honesto de espíritu independiente que no encajó de forma estable en ninguna formación política, pero que todos admiraban y respetaban en buena medida. Un demócrata convencido y tolerante, amigo del diálogo y respetuoso con la discrepancia de ideas. Animador de la cultura valenciana y comprometido con la construcción de un mundo mejor. En 1995 Vicent Ventura recibió la Medalla de la Universidad de Valencia y en 1997 el Premio Creu de Sant Jordi.

CONSTRUIR ESPACIOS DE CONCORDIA

(18 de mayo de 2024)

Faltan unas tres semanas para las elecciones al Parlamento Europeo y comienzas aquí el último tramo de este peculiar dietario de vivencias europeas. Te sitúas en febrero de 2023, cuando fuiste invitado de nuevo por el profesor Javier Esparcia para impartir una breve charla sobre Europa en su curso de la Facultad de Geografía e Historia de la Universidad de Valencia. Croacia se ha acabado de incorporar a la zona euro (que incluye ya a veinte países de la UE), pero tu foco de atención se centra en otras cosas.

Hace exactamente un año de la invasión de Ucrania por parte de del ejército de Putin y hablas de los tiempos difíciles que nos hallamos viviendo. Del dolor y los daños que aquella guerra está produciendo en Europa. De la incertidumbre sobre el futuro, de la polarización política y el auge de los populismos. Aconsejas a los estudiantes que abran sus mentes, que disciernan la información y escuchen las voces más sensatas que alientan a construir espacios de entendimiento y de concordia. Por ejemplo, la de Adela Cortina (catedrática de Ética de la Universidad de Valencia) que en un reciente artículo instaba a buscar caminos de cooperación (y no de enfrentamiento) para encontrar salidas justas y viables a los problemas del presente.

Indicas a los estudiantes que un acontecimiento como la guerra en Ucrania ha hecho remover el proyecto de la Unión Europea. Un proyecto que nació con el objetivo de asegurar la paz y la convivencia democrática en Europa y que, si en una primera etapa puso el énfasis en la integración económica, luego lo hizo en la unión política (dentro de ciertos límites) y después en la unión de la ciudadanía (que aún es muy endeble).

Un episodio bélico tan lamentable como aquél está haciendo que se estrechen los lazos entre los países de la UE, porque estamos experimentando de cerca la barbarie que representa esa guerra de Ucrania tan destructiva como injusta. Claro que sigue habiendo discrepancias en el seno de la UE, pero el sentido del proyecto europeo aparece hoy con más claridad que nunca para los distintos países. Estamos así aprendiendo a cooperar más y a establecer unos vínculos de mayor unidad para defender unos valores que son irrenunciables para la ciudadanía europea.

EL PREMIO LLUÍS GUARNER

(19 de mayo de 2024)

El día 20 de abril de 2023 se te hizo entrega del Premio Lluis Guarner en el antiguo Monasterio San Miguel de los Reyes de Valencia, actual sede de la Biblioteca Valenciana Nicolau Primitiu. La Consellera de Educación y Cultura, Raquel Tamarit, aludió a tu trayectoria académica y cívica, a tu producción intelectual en el ámbito humanístico y de las ciencias sociales, y a tu compromiso educativo. Luego el profesor Pau Rausell, a quien dirigiste la tesis doctoral hace muchos años y aprecias tanto, hizo una generosa defensa de tus méritos al respecto. En el acto estuvieron presentes amigos y familiares, compañeros de Universidad y representantes de distintas instituciones locales. En tu discurso aludiste a la figura de Lluis Guarner, a tu concepción de la Economía y a las principales líneas de interés de tu trabajo intelectual a lo largo del tiempo, entre ellas la Unión Europea. Y mostraste tu reconocimiento y gratitud a cuantas personas te habían apoyado e inspirado en esa trayectoria.

De algún modo te sentiste muy identificado con la figura de Lluís Guarner, un catedrático de Bachillerato y escritor ilustrado que dedicó notables esfuerzos a promover la cultura española y valenciana. Nació en Valencia en 1902, en el seno de una familia acomodada, siendo tío del prestigioso lingüista Manuel Sanchis Guarner. Licenciado en Filosofía y en Derecho por la Universidad de Valencia, ocupó plazas como profesor de Lengua y Literatura en distintos Institutos de Enseñanza Media de Andalucía, Cataluña y la Comunidad Valenciana. Y no faltó en su trayectoria intelectual la dimensión europea, llevando a cabo traducciones de Paul Verlaine y Charles Baudelaire, Su obra escrita (que incluye un ensayo sobre San Juan de la Cruz) y su labor cultural fueron objeto de diversos reconocimientos, entre ellos el Premio de las Letras Valencianas concedido en 1985, justo un año antes de morir.

ÚLTIMA EDICIÓN DEL MANUAL

(20 de mayo de 2024)

En el verano de 2023, Mariam Camarero y Cecilio Tamarit lograron sacar a la luz la novena edición del manual sobre Economía de la UE (editado por Cívitas), la segunda que ellos coordinaban en solitario (tras haberlo dejado de hacer yo en 2013). Y tenía mucho mérito aquel logro. Ahí se recogían los principales cambios de los últimos años, destacando el fortalecimiento de la gobernanza económica de la zona euro tras la Gran Recesión, las consecuencias del Brexit, la crisis del Covid-19 y la aprobación del nuevo Marco Financiero Plurianual de la UE 2021-2027. Pero ahí estaban también las sombras de la invasión de Ucrania por parte de Rusia, las recientes tensiones en el orden global, los desafíos planteados por los populismos y nacionalismos crecientes.

Por supuesto, el equipo de colaboradores se había reestructurado en las dos últimas ediciones. Ello era lógico que sucediera con el paso del tiempo y el necesario reordenamiento de los capítulos del manual. Pero entre los profesores veteranos que aún seguían realizando aportaciones al texto, aparecían Ernest Reig (de la Universidad de Valencia) que se ocupaba de la Política Agraria Común, y Juan R. Cuadrado y Tomás Mancha (de la Universidad de Alcalá) que abordaban la Política Regional y de Cohesión. Son las dos políticas a las que la UE dedica una mayor proporción del gasto comunitario. En relación a la PAC, Ernest Reig señala que, si bien esta política ha dado un impulso notable a la modernización de las estructuras productivas de la agricultura europea y ha transferido volúmenes importantes de renta a los agricultores, en la actualidad se necesitaría un enfoque alternativo de carácter contractual, ofreciendo al agricultor contratos que remuneren esfuerzos mejor definidos (principalmente en materia medioambiental). Y en relación a la Política Regional y de Cohesión, Juan R. Cuadrado y Tomás Mancha indican que, aunque cabe hablar de un impacto positivo de las mismas en las regiones menos desarrolladas de la UE, estamos en presencia de un estancamiento de la convergencia regional y se precisaría afinar mejor estas políticas para cada zona.

LA LLAMADA DE LA HISTORIA

(21 de mayo de 2024)

El 13 de septiembre de 2013, la presidenta de la Comisión Europea, Úrsula von der Leyen, pronunció ante el Parlamento Europeo su último discurso sobre el Estado de la UE. Aunque le quedaba un año en el ejercicio de su cargo, había una despedida implícita en sus palabras. Aludió a las elecciones al Parlamento en junio de 2024 entre cuyos votantes habría tantos jóvenes. Y para ellos y para todos los ciudadanos señaló que Europa está tratando de responder a la llamada de la historia. La UE actual refleja el sueño de las generaciones anteriores en un mundo mejor, y los jóvenes de las nuevas generaciones se deben unir (y hacer suyo) ahora al proyecto europeo con el mismo deseo de forjar un futuro mejor. El apoyo a Ucrania frente a la agresión rusa potencia una UE geopolítica. Y el Fondo Europeo de Recuperación junto al Marco Presupuestario 2021-2027 marcan una clara estrategia de transición ecológica y digital de la UE, sin olvidar su componente de cohesión social y territorial.

La presidenta de la Comisión Europea apuntó que se han sentado los cimientos de una Unión de la salud y se ha avanzado en materia de igualdad de género. Se extendió en los ingredientes del Pacto Verde Europeo y de una Economía Social y Competitiva a la vez. Se mostró orgullosa de la diversidad cultural europea y agradeció los esfuerzos por llegar a un consenso político en los ámbitos de la migración y la seguridad. Además, señaló que la llamada de la historia reclama trabajar también en el presente por completar la UE en el futuro próximo, considerando las candidaturas que hay sobre la mesa (Ucrania, Moldavia, Montenegro, Serbia, Bosnia-Herzegovina, Albania, Macedonia del Norte, Kosovo y Turquía). Una UE siempre fiel a sus principios y sus valores, construida sobre la sólida base de la democracia y el Estado de Derecho.

PUNTO FINAL

(22 de mayo de 2024)

Faltan poco más de dos semanas para celebrarse las elecciones al Parlamento Europeo (que darán paso a la X legislatura europea) y piensas que este es un buen momento para poner punto final a este dietario de vivencias europeas. Un dietario que comenzó con un diálogo con Timothy Garton Ash, de quien acababas de leer una historia personal de Europa que estimuló notablemente tu propia rememoración del proyecto europeo. Es curioso comprobar que recientemente hayan aflorado diversas memorias de gran interés que tienen como escenario o telón de fondo a la Unión Europea. Entre otras, las de Javier Elorza (*Una pica en Flandes. La huella de España en la Unión Europea*), Ángel Viñas (*La forja de un historiador*) o Josep M. Lloveras (*Hacia el corazón de Europa. Memorias diplomáticas*). Este último encontró quizás de forma más azarosa el camino de Europa, pero desde entonces ya no quiso dejarlo. Para él, Europa es, en primer lugar, una comunidad de valores, y desearía que así fuera reconocida, valorada y querida por las nuevas generaciones. Por su parte, el libro de Ángel Viñas viene a complementar otro suyo anterior más centrado en el funcionamiento de la Unión Europea (*Al servicio de Europa: innovación y crisis en la Comisión Europea*).

El círculo de tus vivencias europeas se acaba de cerrar. El dietario se inició en diciembre de 2023 con algunas notas que te llevaron a los orígenes del proyecto europeo (en la primavera de 1950), justo cuando empezaba también tu andar personal. Las notas te han ido conduciendo constantemente del presente al pasado (y del pasado al presente), avanzando en un recorrido sintético que se ha aproximado gradualmente hasta el momento actual. Ahora, en mayo de 2024, el arco cronológico se ha completado ya. Somos herederos de un bello proyecto europeo que trata de hacer realidad una utopía posible: la de una Unión Europea construida sobre la base de unos valores compartidos para lograr un espacio de convivencia democrática, pacífica y creativa en favor de un mundo mejor. Y permanece el amor, la pasión ciudadana por ese proyecto europeo.

BIBLIOGRAFÍA

· CAMARERO, M. Y TAMARIT, C. (Coordinadores, 2023): *Economía de la Unión Europea*, 9ª edición, Cívitas, Pamplona.

· ELORZA, J. (2023): *Una pica en Flandes. La huella de España en la Unión Europea*, Debate, Madrid.

· GARTON ASH, T. (2023): *Europa. Una historia personal*, Taurus, Barcelona.

· HABERMAS, J. (2012): *La constitución europea*, Trotta, Madrid.

· INNERARITY, D. (2017): *La democracia en Europa. Una filosofía política de la Unión Europea*. Galaxia Gutenberg, Barcelona.

· JORDÁN GALDUF, J. M. (1989): *España frente a los terceros países mediterráneos*, Generalitat Valenciana, Conselleria de Agricultura y Pesca, Valencia.

- (2006): *Entre global i local, passant per Europa i la Mediterrània*, Publicacions de la Universitat de València.

-(2011): *Del nord i del sud. Diari d'un professor d'economia*, Publicacions de la Universitat de València.

- (2013): *Europa: el somni i la realitat*, Saó editorial. Editado también como libro electrónico por Faximil Books y el Centro de Documentación Europea de la Fundación General de la Universidad de Valencia.

- (2015): *Oficio y compromiso cívico. Memorias de un profesor universitario (1973-2015)*, Publicacions de la Universitat de València.

· LLOVERAS, J. M. (2023): *Hacia el corazón de Europa. Memorias diplomáticas*, RBA, Barcelona.

· MAALOUF, A. (1999): *Identidades asesinas*, Alianza Editorial, Madrid.

· SANCHIS I MARCO, M. (2014): *El fracaso de las élites. Lecciones y escarmientos de la Gran Crisis*, Pasado y y Presente, Barcelona.

· SEN, A. (2007): *Identidad y violencia*, Katz editores, Buenos Aires.

· SOLANA, J. (2010): *Reivindicación de la política. Veinte años de relaciones internacionales*, Debate, Barcelona.

· VV.AA. (2015): *La encrucijada de Europa. Luces y sombras para un futuro común*, Universitat de València (colección Universitat i territori).

· VIÑAS, A. (2024): *La forja de un historiador*, Crítica, Barcelona.

- (2005): *Al servicio de Europa: innovación y crisis en la Comisión Europea*, Editorial Complutense.

· ZWEIG, S. (2002): *El mundo de ayer. Memorias de un europeo*, Acantilado, Barcelona.